FACULTÉ DE DROIT DE PARIS

DROIT ROMAIN

ESSAI

SUR LES

VOIES DE RECOURS CONTRE LES JUGEMENTS

DROIT FRANÇAIS

ÉTUDE

SUR LE

POURVOI DEVANT LA COUR DE CASSATION

EN MATIÈRE CIVILE

THÈSE POUR LE DOCTORAT

PAR

Henri BARDOT,

AVOCAT

Occasiones vero legum, tempora et
causæ quæ maxime aperiunt sententiam earum, omnia eruuntur ex his-
toriis.　　　GRAVINA.

PARIS

A. PARENT, IMPRIMEUR DE LA FACULTÉ DE MÉDECINE

RUE MONSIEUR-LE-PRINCE, 31.

1873

DROIT ROMAIN

ESSAI
SUR LES
VOIES DE RECOURS CONTRE LES JUGEMENTS

DROIT FRANÇAIS

ÉTUDE
SUR LE
POURVOI DEVANT LA COUR DE CASSATION
EN MATIÈRE CIVILE

THÈSE POUR LE DOCTORAT

PAR

HENRI BARDOT,

AVOCAT

Né à Ligny (Meuse).

> Occasiones vero legum, tempora et causæ quæ maxime aperiunt sententiam earum, omnia eruuntur ex historiis.   GRAVINA.

L'acte public sur les matières ci-après sera soutenu le mercredi 28 mai, à midi.

Président :   M. BONNIER,   Professeur

Suffragants :   MM. DE VALROGER,   MACHELARD,   COLMET DE SANTERRE,   Professeurs   GLASSON,   Agrégé.

Le candidat répondra, en outre, aux questions qui lui seront faites sur les autres matières de l'enseignement.

PARIS

A. PARENT, IMPRIMEUR DE LA FACULTÉ DE MÉDECINE
RUE MONSIEUR-LE-PRINCE, 31.

1873

A MON PÈRE ET A MA MÈRE

A MES PARENTS

A MES AMIS

TABLE DES MATIÈRES

DROIT ROMAIN.

DROIT FRANÇAIS.

DROIT ROMAIN

ESSAI

SUR LES

VOIES DE RECOURS CONTRE LES JUGEMENTS

AVANT-PROPOS.

Je me propose d'étudier dans cet essai les moyens par lesquels un plaideur pouvait, dans la législation romaine, attaquer un jugement qui lui était défavorable et en empêcher l'exécution.

Cette étude me permettra de montrer que les Romains ont mérité l'éloge, devenu banal à force d'être répété, d'avoir été le premier peuple du monde, non-seulement dans l'art de la guerre, mais aussi dans la science du droit ; les nations modernes, en effet, malgré la civilisation dont elles sont fières à juste titre, malgré une expérience de plus de quinze siècles que n'avaient pas les jurisconsultes de l'époque classique, n'ont apporté en notre matière que très-peu d'innovations sérieuses ; elles se sont bornées le plus souvent à copier ou à développer les institutions qui se trouvaient déjà, au moins en germe, dans les lois romaines.

1

J'adopterai dans cette thèse l'ordre chronologique, c'est-à-dire que je traiterai des différentes voies de recours contre les jugements, en commençant par les plus anciennes, et en suivant chacune d'elles dans son développement historique ; de cette façon, je pourrai faire voir que l'admission successive de chacun de ces moyens d'attaquer un jugement n'a pas été un caprice du législateur, mais répondait à une lacune dans les institutions préexistantes, à un besoin réel de la société et marquait un progrès dans l'administration de la justice.

La division de mon travail est dès lors toute faite. Je parlerai d'abord de la nullité du jugement : ce moyen semble presque aussi ancien que la société romaine ; dès qu'il y eut des lois, les juges durent y conformer leurs sentences, et la sanction, s'ils ne le faisaient pas, était précisément la nullité de leurs décisions. Ce n'est pas du reste, à proprement parler, une voie de recours, puisqu'on prétend qu'il n'y a pas eu jugement, mais seulement un moyen de se soustraire à l'exécution de ce qui n'est que l'apparence d'un jugement ; tous les auteurs en ont traité à propos du sujet qui m'occupe ; je me conformerai à leur usage.

La législation romaine resta pendant longtemps en cet état, et il faut arriver jusque vers le dernier siècle de la république pour trouver un autre moyen de se pourvoir. Ce fut le préteur qui, fidèle à ses traditions de corriger le *jus civile*, s'arrogea le droit de tenir pour non avenus, dans quelques cas particuliers, des jugements qui blessaient l'équité. La restitution en entier sera l'objet du chapitre II.

Enfin l'empire, substituant l'idée monarchique à l'égalité républicaine de toutes les magistratures, permit d'une manière générale, en dehors de toute cause de nullité ou de rescision, de soumettre la cause déjà jugée à des magistrats supérieurs présumés plus éclairés, et d'obtenir la réformation de la sentence, si elle ne leur paraissait pas conforme à la vérité. L'appel formera donc le Chapitre III.

En dernier lieu j'essaierai très-brièvement, et dans un appendice, de rechercher ce que sont devenues ces institutions au milieu de la barbarie du moyen âge, comment elles ont passé dans les lois des temps modernes, et dans quel état nous les trouvons lorsque éclata la révolution française.

CHAPITRE I.

De la nullité du jugement et de la revocatio in duplum.

SECTION I.

De la nullité du jugement.

Les décisions judiciaires ont une si haute importance que, pour la protection des intérêts souvent considérables qui y sont engagés, le législateur les a soumises à des conditions rigoureuses et nécessaires à leur validité. Il en résulte que, quand l'une de ces conditions essentielles fait défaut, la sentence n'est plus à proprement parler un jugement; ce n'est que l'apparence d'un jugement, apparence qui tombe dès qu'on démontre le vice dont elle est entachée. Ulpien exprime très-bien

cette idée dans la loi 4, § 6, D. *de re jud.* (42, 1). « Con-
« demnatum accipere debemus cum qui rite condemna-
« tus est, ut sententia valeat; cæterum si aliqua ratione
« sententia nullius momenti sit, dicendum est condem-
« nationis verbum non tenere. » Nous trouvons dans
d'autres textes des expressions analogues : *non est judicatum*, loi 1 *pr.*, D. *quæ sent. sine app.* (49, 8), *sententia
nulla*, etc., et les jurisconsultes romains font bien remarquer que pour anéantir ce semblant de jugement, il
n'est pas besoin de recourir à l'appel. Néanmoins pour
faire reconnaître cette nullité, il faudra parfois une
procédure judiciaire et un jugement; dès lors il n'est
pas étonnant que, tout en possédant parfaitement l'idée,
ils aient souvent employé pour la rendre des locutions
impropres, telles que le mot rescision, qui suppose un
véritable jugement.

Nous en trouvons un exemple bien frappant dans la
rubrique de notre titre au Digeste (49, 8) : « Quæ sen-
« tentiæ sine appellatione rescinduntur. » Pour éviter
toute confusion, nous emploierons l'expression adoptée
par tous les auteurs modernes, et nous dirons que dans
ce cas on invoque la nullité du jugement.

Les conditions de validité d'un jugement sont si
nombreuses qu'il faudrait passer en revue toute la procédure pour n'en point oublier; j'essaierai cependant
d'être assez complet dans mon énumération; et pour
cela je parlerai successivement des nullités qui tiennent
à la personne du juge, à celle des parties, à la procédure et au fond du jugement.

Le juge, et sous ce nom je comprends le magistrat et
le *judex*, doit être compétent non-seulement pour un
litige de la nature de celui qui lui est soumis, mais pour

ce litige même : Paul. *Sent.* V, 5 a, 1: L. 81, D. *de jud.* (5, 1.) Cod. J. *si a non competente judice judicatum esse dicatur* (7, 48). Toutefois l'incompétence relative ne sera une cause de nullité que si elle n'a pas été couverte. Il résulte de notre règle que nous déclarerons nuls les jugements rendus par un magistrat qui n'avait pas réellement ce titre (1), ou qui s'est arrogé le droit de juger lui-même alors qu'il aurait dû constituer un judex. L. 4, C J. *de sent.* (7, 45). Il en est de même pour la décision du juge proprement dit, s'il a été constitué par un homme qui n'avait pas ce pouvoir, L. 23, § 1, D. *de app.* (49, 1). L. 2, 3. C. J., *si non a comp. jud.* (7, 48), s'il était incapable d'être juge. L. 12, § 2, D. *de jud.* (5, 1) ou s'il a jugé seul au lieu de rendre la décision de concert avec son collègue. Enfin, d'après un rescrit, étaient encore nuls les jugements obtenus par corruption. L. 7. C. J., *quando prov.* (7, 64).

En ce qui concerne la personne des parties engagées dans le procès, la sentence est nulle si elle frappe un individu qui n'a pas figuré au débat soit en personne, soit par un représentant, L. 1, C. J., *de sent.* (7, 45), qui à l'époque de la *litis contestatio* ou du jugement, L. 9, 59, § 3, D. *de re jud.* (42, 1), L. 2, D. *quæ sent. sine app.* (49, 8), était, soit complètement incapable (mort, esclave, *furiosus*), soit incapable seulement d'ester en justice (pupille ou femme sous l'*auctoritas tutoris*).

(1) Voyez toutefois deux exceptions : L. 3. D. *de off. præt.* (1-14); L. 2. C. J. *de sent. omn. jud.* (7-45). Ces exceptions, dans ces deux cas particuliers, se justifient parce que ces esclaves devenus magistrats passaient aux yeux de tout le monde pour des citoyens, et que l'annulation de toutes les sentences qu'ils avaient prononcées, aurait produit plus de désordre dans l'administration de la justice que la confirmation pure et simple de ces jugements.

La procédure a aussi ses règles substantielles qui permettent, si on ne les observe pas, d'invoquer la nullité du jugement, p. ex.: lorsqu'une partie n'a pas figuré à la *litis contestatio* et qu'on n'a pas suivi les formes de la contumace, L. 1, § 3, D. *quæ sent. sine app.* (49, 8); L. 1, § 1, D. *de feriis* (2, 12); L. 4, C. J. *de proc.* (2, 13); C. J. (7, 43), *quomodo et quando*. Mais la partie doit avoir bien soin de protester dès qu'elle a connaissance de la sentence sous peine d'être considérée comme ayant acquiescé. L. 3, C. J. *quomodo et quando judex* (7, 43).

Je rattache aussi à la procédure la règle que le jugement doit à peine de nullité être prononcé oralement et en présence des parties. L. 47, *pr.*; L. 60, *de re jud.* (42, 1); L. 1. C. *de sent. ex peric.* (7, 44).

Enfin, le dispositif rend le jugement entaché de nullité lorsqu'il ordonne quelque chose d'impossible. L. 3, D. *quando prov.* (7, 64), lorsqu'il est en contradiction avec un jugement précédent ayant acquis force de chose jugée L. 1, C. J. *quando prov.* (7, 64); L. 1, C. J., *Sent. resc. non posse* (7, 50); L. 9, C. J. *de sent.* (7, 45); L. 6, C. J. *de exsec. rei jud.* (7, 53), ou enfin lorsqu'il viole expressément la loi, L. 1, § 2, D. *quæ sent. sine app.* (49, 8); L. 19, D. *de app.* (49, 1), p. ex.: si sous le système formulaire la *condemnatio* n'est pas d'une somme d'argent déterminée, Gaius IV. (18, 52), si le juge n'a pas tenu compte d'un rescrit du prince rendu pour ce cas spécial ou de la réponse d'un jurisconsulte autorisé, L. 19, D. *de app.* (49, 1); L. 1, § 2, D. *quæ sent. sine app.* (49, 8); L. 32, D. *de re judic.* (42, 1).

Telles sont les principales causes de nullité d'un jugement; il nous reste maintenant à examiner comment on peut mettre en pratique cette nullité. C'est le lieu de faire remarquer que nous n'avons pas affaire ici à une voie de recours proprement dite dans laquelle le plaignant vient demander à la justice la réformation d'un jugement qui lui est défavorable ; celui qui veut se prévaloir de la nullité n'a rien à faire ; dès qu'on lui oppose la sentence, il doit nier son existence, en prenant, bien entendu, à sa charge la preuve de ce qu'il avance.

Pour préciser davantage, nous devons distinguer si la partie plaignante est le demandeur ou le défendeur. Supposons d'abord le demandeur débouté par un jugement entaché de nullité. Il va se présenter de nouveau devant le préteur et lui demander son ancienne action ; l'adversaire oppose l'exception *rei judicatæ ;* le demandeur niera qu'il y ait eu véritablement chose jugée ; et alors ou bien le défendeur reconnaîtra que le jugement intervenu n'a pas été valable, et le préteur délivrera l'ancienne action sans y insérer l'exception *rei judicatæ ;* oubien, au contraire, le défendeur soutiendra qu'il ne manque à la sentence aucune condition essentielle, et le préteur donnera aux parties l'ancienne action avec l'exception *rei judicatæ,* laissant ainsi au *judex* le soin de décider s'il y a eu véritablement *res judicata ;* mais dans les deux cas le demandeur débouté par une sentence illégale pourra obtenir un nouveau jugement.

Je dois remarquer toutefois que, sous le régime formulaire, le défendeur pouvait très-bien ne pas se retrancher derrière l'exception *rei judicatæ,* mais invoquer soit la consommation *ipso jure* du droit prétendu par la *litis contestatio,* qui avait lieu quelquefois, soit l'exception *rei in judicium deductæ* qui lui compétait toujours. Il est probable que, dans ce cas, le préteur considérant que le *judicium* n'avait pas été vidé, renvoyait l'affaire avec la même formule devant un nouveau juge.» (V. Bonjean, *Traité des actions*, II, § 380, p. 533, not. 1). Sous le système extraordinaire il n'y a plus de consommation de plein droit par la *litis contestatio*, ni d'exception résultant de la *deductio in judicium;* les choses se passeront donc comme je l'ai dit plus haut, si ce n'est que, le *judicium* et le *jus* étant maintenant confondus, ce sera toujours le magistrat qui tranchera la question *an sit judicatum necne.*

Supposons maintenant un défendeur condamné voulant se prévaloir de la nullité du jugement. Tant qu'il n'est pas attaqué, il n'a rien à faire; mais, quand on voudra le poursuivre devant le préteur en exécution de l'*obligatio judicati*, il pourra nier qu'il y ait eu réellement chose jugée: si le demandeur l'avoue, le préteur refusera les mesures d'exécution; mais s'il soutient que le jugement est valable, il y aura lieu alors à l'*actio judicati :* le préteur organisera un nouveau *judicium* et donnera au *judex* mission de rechercher si la première sentence avait bien réuni toutes les conditions nécessaires à sa validité. Il ne fallait cependant pas permettre à un débiteur de mauvaise foi de remettre perpétuellement en question ce qui avait été jugé contre lui; aussi on ne l'admettait à l'action *judicati* qu'à certaines conditions ; sous le système des actions de la loi, on avait été très-sévère pour lui (Gaius, IV, 21). Le débiteur condamné sur lequel le créancier avait exercé la *manus injectio*, n'étant plus dans l'intégrité de ses droits, ne pouvait plus se prévaloir lui-même de la nullité de la sentence qui le condamnait; mais toute personne libre pouvait se porter *vindex* pour lui, et en s'exposant personnellement à payer le double de la condamnation, en cas de perte du procès, faire statuer dans une nouvelle instance sur la validité ou la nullité de la première sentence. On ne tarda pas à se relâcher de cette rigueur, et déjà sous le système formulaire, le débiteur condamné put lui-même prétendre que la sentence était nulle, à charge par lui de fournir satisdation *judicatum solvi :* ce fidéjusseur s'engageait solidairement avec lui à payer, en cas d'insuccès, le double de la condamnation primitive. (Gaius, VI, 171). Toutefois ce qui était certain du temps de Gaius ne l'est plus sous Justinien qui ne mentionne pas l'action *judicati* parmi celles où *lis infitiando crescit in duplum* (*Inst.*, liv. iv, tit. 16, § 1).

Cette voie de nullité a continué de subsister jusqu'à la fin de l'empire romain ; elle perdit beaucoup de son importance par suite de l'introduction de l'appel qui permettait aux plaideurs de se plaindre de ce que le juge avait violé la loi, ou n'avait pas reconnu la vérité des faits ; elle resta cependant en vigueur parce que, à la différence de l'appel, elle n'était assujettie à aucun délai pour être invoquée utilement.

Avant de quitter ce sujet, je dois me demander comment il se fait que cette voie d'attaque contre les jugements que nous trouvons à toutes les époques de la législation romaine, qui paraît répondre à un besoin naturel de l'organisation de la justice, n'existe plus dans notre droit français actuel : cela tient à l'institution chez nous d'un tribunal de cassation : notre Cour de cassation n'a sa raison d'être qu'à cause du principe inconnu des Romains, qu'une sentence, même entachée des plus grands vices, de violation de la loi, par exemple, pourvu qu'elle présente les apparences d'un jugement sera tout aussi valable qu'un jugement véritable, si elle n'est pas attaquée dans certains délais ; on n'a pas voulu dans l'intérêt des plaideurs eux-mêmes, qu'on fût exposé, comme à Rome, à se voir opposer, après des années, la nullité d'une sentence, alors qu'il serait souvent difficile de réunir les preuves de sa validité.

Le vieux système romain a cependant encore laissé sa trace dans nos Codes : l'art. 1028 du Code de procédure civile, notamment, admet un moyen de droit analogue contre les sentences des arbitres : « Il ne sera besoin de se pourvoir par appel ou requête civile dans les cas suivants : 1° si le jugement a été rendu sans compromis ou hors des termes du compromis ; 2° s'il l'a été sur compromis nul ou expiré ; 3° s'il n'a été rendu que par quelques arbitres non autorisés à juger en l'absence des autres ; 4° s'il l'a été par un tiers sans en avoir conféré avec les arbitres partagés ; 5° s'il a été prononcé sur choses non demandées. Dans tous ces cas, les parties se pourvoiront par opposition à l'ordonnance d'exécution devant le tribunal qui l'aura rendue et demanderont la nullité de l'acte qualifié jugement arbitral. »

<h2 style="text-align:center">SECTION II.</h2>

De la revocatio in duplum.

A côté de la nullité du jugement nous devons mentionner la *revocatio in duplum*, qui n'existe plus au temps de Justinien, mais que nous trouvons encore dans une constitution d'Alexandre Sévère et dans les écrits d'un jurisconsulte de l'époque classique, dans les sentences de Paul. Malheureusement ces textes ne nous fournissent que des renseignements fort incomplets et l'on en est réduit aux conjectures sur la nature même de cette voie de recours. Avant de parcourir les divers systèmes que les auteurs modernes ont imaginés sur cette question, je crois utile de citer dans leur entier les textes qui s'y réfèrent.

Nous trouvons la constitution d'Alexandre Sévère dans le Code Grégorien. L. 1, *Quibus res judicata non noceat* (10, 1). « Quæ in libello contulisti, præsidi provinciæ allega,
« qui non ignorat : eum qui per contumaciam absens
« condemnatur, nec appellationis auxilio uti, aut in du-
« plum revocare posse. » Paul cite trois fois la *revocatio in duplum* dans ses Sentences, liv. v, tit. 5 a, § 5 : «Con-
« fessionem suam reus in duplum revocare non potest...,
« § 7. Ab ea sententia quæ in contumacem data est
« neque appellari neque in duplum revocari potest. § 8.
« Res olim judicata post longum silentium in judicium
« deduci non potest nec eo nomine in duplum revocari.
« Longum autem tempus, exemplo longæ præscrip-
« tionis, decennii inter præsentes, et inter absentes vi-
« cennii computatur. »

De tous ces textes il résulte clairement trois choses : 1° le contumax ne peut pas plus *revocare in duplum* qu'il ne peut appeler ; 2° la *revocatio in duplum* n'est sou- mise à aucun autre délai que la prescription de long temps ; 3° par son nom même, cette voie de recours indique que celui qui en use, s'expose s'il succombe à payer le double du montant du procès.

On a encore cru trouver un exemple de la *revocatio in duplum* dans un passage de Cicéron (*Pro Flacco*, 21) ; comme on soutenait : « recuperatores vi Flacci coactos
« et metu falsum invitos judicavisse, frater meus (*le suc-*
« *cesseur de Flaccus*) pro sua æquitate prudentiaque de-
« crevit, ut si judicatum negaret, in duplum iret, si

« metu coactos diceret, haberet eosdem recuperatores. »

Malheureusement cette phrase peut s'entendre tout aussi bien de la nullité du jugement opposée à l'action *judicati* que de la *revocatio in duplum*, et dans tous les cas elle ne jette pas une grande lumière sur la question.

Beaucoup d'interprètes du droit romain ont considéré la difficulté comme insoluble; ainsi M. Bonjean (*Traité des actions*, § 389), après avoir énoncé les quelques points hors de doute, n'essaie même pas de découvrir la nature intime de cette institution. Zimmerm (*Traité des actions*, § 168), tout en reconnaissant combien cette matière est obscure, semble néanmoins croire que la *revocatio in duplum* était un moyen d'attaquer les jugements qui réunissent toutes les conditions de validité, moyen qui existait avant l'appel et qui a continué de subsister après, parce qu'il présentait sur cette institution l'avantage de pouvoir être exercé pendant dix ou vingt ans.

La plupart des auteurs modernes ont été surtout frappés de ce que, dans la *revocatio in duplum*, comme dans l'action *judicati*, la partie qui a mis en doute la validité de la sentence est obligée, si elle succombe, de payer le double de la première condamnation. Ils ont considéré qu'il n'était pas déraisonnable d'accorder au défendeur, qui aurait pu se garantir lors de l'exécution par l'action *judicati*, le droit de prendre les devants et d'intenter avant toute poursuite une action pour faire statuer dès maintenant sur la validité ou la nullité du jugement. Cette action, d'après ces auteurs, ne serait autre que la *revocatio in duplum*. Telle paraît être l'opinion de M. Demangeat (*Cours élémentaire de droit romain*, II, 482); tel est certainement l'avis de Keller (*De la pro-*

cédure civile et des actions chez les Romains, traduit par Capmas, § 82) et de Puchta (*Cursus der Institutionen*, II, § 181), V. Hugo. Rg. page 877. D'après cette manière de voir, la *revocatio in duplum* serait donc une plainte en nullité fondée sur ce que les conditions essentielles à la validité de la sentence n'ont pas été remplies; mais il faut remarquer que cette action en nullité était purement facultative pour les parties, qu'elles pouvaient attendre l'exécution du jugement, et alors seulement nier la validité de la sentence, ce qui donnait lieu, comme je l'ai dit dans la section I, à l'action *judicati.*

Avec ce système, on comprend fort bien d'une part, que la *revocatio in duplum* entraîne pour celui qui succombe la peine du double, et d'autre part que Paul refuse cette voie de recours, aussi bien que l'appel, aux personnes condamnées par contumace. Enfin, il est tout naturel que la *revocatio in duplum* n'existe plus sous Justinien ; elle présentait trop peu d'avantages sur l'appel pour ne pas s'être confondue avec ce moyen d'attaquer les jugements, surtout quand elle eût perdu, en même temps que l'action *judicati*, le caractère qui les distinguait toutes deux : la condamnation au double.

Cependant, un auteur considérable a cru en trouver encore un vestige dans la compilation de Justinien. L. *unic.* C. J. *De sententiis adversus fiscum latis retractandis* (10,9). Le fisc condamné a conservé une action en nullité, la *retractatio*, qui n'entraîne plus aucune peine en cas de perte du procès, et qui doit être intentée dans les trois ans, à moins qu'il n'y ait eu dol de la part de l'adversaire (Puchta, *loc. cit.*). Il est possible que la *retractatio* ait été introduite par imitation de la *revocatio in duplum;* mais il faut bien remarquer que c'est une institution tout à fait distincte qui a existé en même temps que la *revocatio*. A l'époque où fut établie la *retractatio* (213, sous Caracalla), la *revocatio* était encore en pleine vigueur, comme le prouve la constitution d'Alexandre Sévère, intervenue seulement quatorze ans plus tard (227).

Ce système, qui montre d'une façon si simple l'utilité de la *revocatio in duplum*, a été vivement combattu en Allemagne, notamment par MM. Rudorff (*Zeitschrift für die geschichtliche Rechtswissenschaft*, XIV, pages 311 et suiv.), et Bethmann-Hollweg (*Civilprozess des gemeinen Rechts*, II, § 118).

M. Bethmann-Hollweg lui reproche de ne pas rendre compte d'une manière satisfaisante de cette règle, que la *revocatio in duplum* se prescrit par un long temps.

Il est évident que si la *revocatio* n'avait d'autre but que de prévenir l'action *judicati*, il était bien inutile d'accorder un si long délai pour la faire valoir; dans presque aucun cas, pour ne pas dire jamais, le gagnant n'attendra dix ou vingt ans pour faire exécuter le jugement. Donc, si on permet d'intenter la *revocatio* après un tel laps de temps, c'est qu'elle doit intervenir après l'exécution du jugement.

Cette remarque a conduit M. Bethmann-Hollweg à imaginer une théorie toute différente de la première. Pour bien la comprendre, il faut se rappeler que le demandeur, débouté de son action par une sentence illégale, peut intenter de nouveau son ancienne action, à charge par lui de prouver la nullité du premier jugement. Il semblerait dès lors naturel que dans des circonstances analogues, mais inverses, le défendeur qui a payé le montant de la condamnation, soit volontairement, soit pour échapper aux poursuites, puisse intenter contre son prétendu créancier la *condictio indebiti*, et, si celui-ci lui oppose la *res judicata*, invoquer la nullité du jugement.

Mais les textes décident de la façon la plus formelle que la *condictio indebiti* n'est pas admise dans ce cas *propter auctoritatem rei judicatæ*. L. 29, § 5, D. *Mandati* (17, 1). Cette règle se justifie facilement : le défendeur n'aurait pu, au moment des poursuites, se dispenser d'acquitter la condamnation qu'en s'exposant à payer le double dans l'action *judicati* ; il ne fallait pas qu'il pût, après l'exécution, contester la validité de la sentence par la *condictio indebiti*, dans laquelle il risquait seulement d'être débouté de sa demande : aussi, à la place de la *condictio* qu'on lui refusait, on lui accorda la *revocatio in duplum* qui le soumettait à la même peine du double que l'action *judicati*. M. Bethmann-Hollweg semble même porté à étendre la *revocatio in duplum* à tous les cas où celui qui a payé ne peut plus répéter, parce qu'il se trouve dans une hypothèse où *adversus infitiantem lis crescit in duplum* ; dans cette opinion, l'héritier qui a acquitté un legs *per damnationem* pourrait, par la *revocatio in duplum*, répéter ce qu'il a payé indûment en prouvant la nullité du legs.

J'ai exposé les deux principaux systèmes ; il me resterait maintenant à choisir ; j'incline à adopter les idées de M. Bethmann-Hollweg, tout en reconnaissant que ce ne sont que des conjectures ; mais les textes qui se réfèrent à cette matière nous donnent si peu de renseignements, que je ne suis pas parvenu à me faire une opinion personnelle. Je dois donc laisser aux maîtres de la science le soin de décider cette question si obscure, et qui ne présente d'ailleurs qu'un intérêt purement historique.

———

CHAPITRE II.

De la restitution en entier

Les voies de recours que nous avons étudiées jusqu'ici garantissaient seulement contre l'exécution d'un jugement illégal; mais souvent le droit strict était contraire à la justice, et une sentence conforme à la loi civile pouvait violer ouvertement l'équité naturelle. Dans cette branche du droit, comme dans toutes les autres, les préteurs se chargèrent d'adoucir les rigueurs de la législation primitive. Ils imaginèrent un remède général, la *restitutio in integrum*, qu'ils accordaient contre toute espèce d'actes, dans tous les cas qui leur paraissaient justes, et dont le résultat était d'effacer entièrement l'acte attaqué et de replacer les parties dans l'état de droit qu'elles occupaient antérieurement. L'*in integrum restitutio* avait une double application dans le cours du procès : les rapports qui existaient entre les parties se transformaient à deux moments de l'instance : à la *litiscontestatio*, et au moment où la sentence était prononcée. Gaius, III, § 180. « Ante litem contestatam dare « debitorem oportere, post litem contestatam condem- « nari oportere; post condemnationem judicatum facere « oportere. » Ces novations nécessaires, comme on les a appelées, pouvaient entraîner, pour l'une ou l'autre des parties, un préjudice injuste; mais le préteur, ou tout autre magistrat investi de l'*imperium*, avait le pouvoir, dans certains cas et sous certaines conditions, de tenir pour non avenu l'acte qui entraînait la lésion, et de rétablir les parties dans la situation juridique dont elles jouissaient auparavant.

La condition essentielle de toute restitution est un préjudice souffert; voyons comment cela peut résulter de la *litiscontestatio* et de la *res judicata*.

I. La *litiscontestatio*, sous le système formulaire auquel il faut toujours se reporter pour l'intelligence du droit romain, a lieu au moment de la délivrance de la formule : à partir de ce moment. tout est irrévocablement fixé; les parties ont épuisé leurs droits et ne pourront plus intenter de nouvelle action : « *bis de eadem re ne* « *sit actio* »; et le juge ne peut sortir des limites que lui trace la formule. On comprend facilement alors comment il en peut résulter une lésion pour l'une des parties. Ainsi, le défendeur avait une exception péremptoire à opposer à la prétention du demandeur, et il a négligé par erreur de la faire insérer dans la formule (Gaius, IV, § 125); ou bien il a nié sa dette dans un procès où *lis infitiando crescit in duplum*, L. 9, § 2, D. *de min.* (4, 4). ou bien il l'a avouée, L. 6, § 5, D. *de confessis* (42, 2). Voilà des cas où le défendeur pourra être restitué; pour le demandeur on était bien plus sévère, et la *justa causa* bien plus difficilement admise. Gaius, IV, 57. Cependant on le restituait encore quelquefois, surtout pour cause de minorité, et même pour cause de dol, par exemple : s'il a intenté l'action *de peculio* au lieu de l'action *quod jussu*, et s'est exposé à n'obtenir qu'un dividende. L. 4, § 5, D. *quod cum eo* (14, 5); s'il a demandé dans l'*intentio* plus qu'on ne lui doit et se trouve

menacé de la plus-pétition (Inst., § 33, liv. ɪv, tit. 6).
Ces exemples, que je pourrais multiplier, suffisent pour
faire voir comment l'*in integrum restitutio* contre la *litiscontestatio* pouvait trouver place dans les hypothèses les
plus diverses ; mais le magistrat ne l'accordait jamais
que sous des conditions que nous verrons, et encore
causa cognita. Il fallait naturellement la demander au
préteur qui avait délivré la première formule ; et s'il
l'octroyait, il mettait à néant le *judicium* et en organi-
sait un nouveau (*judicium restitutorium*), L. 46, § 3,
D. *de proc.* (3, 3).

Les principaux effets de la *litiscontestatio* ne se produisent plus dans la procédure extraordinaire où le *jus*
et le *judicium* sont confondus ; dès lors on ne restitua
plus contre la *litiscontestatio*, mais seulement contre la
res judicata, à laquelle nous arrivons maintenant.

II. La sentence peut préjudicier à l'une ou à l'autre
des parties ; il suffit pour le concevoir de supposer que
la *res judicata* n'est pas conforme au droit naturel. La
restitution en entier contre les jugements iniques, nous
la trouvons déjà sous la république (Cic. *Verrès*, II,
25, 26 ; *Pro Flacco*, 21), alors que l'appel n'existait pas
encore ; plus tard, quand cette institution eut été introduite dans la législation romaine, elle continua de
subsister, parce que c'était un moyen extraordinaire
(*extraordinarium auxilium*), qui ne trouvait son application que lorsque tous les autres moyens de droit étaient
impossibles. Elle a pour but, comme l'appel, d'obtenir
la réformation d'un jugement contraire à la justice ;
mais elle en diffère en ce que la sentence attaquée par
l'appel doit être en premier ressort, pour employer les
expressions modernes, et que la décision qu'on veut

faire rescinder par l'*in integrum restitutio* doit avoir acquis force de chose jugée. Hermogenien, dans la loi 17 D. *de min.* (4, 4), nous signale une autre différence entre l'appel et la voie de recours qui nous occupe. « Appella- « tio quidem iniquitatis sententiæ querelam, in integrum « vero restitutio erroris proprii veniæ petitionem vel « adversarii circumventionis allegationem continet. »

Les conditions pour être restitué contre un jugement sont, comme dans toute restitution, une lésion et une juste cause.

1° La lésion doit être irréparable par tout autre moyen ; c'est la conséquence de ce que la restitution est un *ultimum subsidium.* On ne pourra donc se faire restituer contre un jugement entaché de nullité ou dont on peut encore appeler. Cependant, par faveur pour les mineurs, on a admis une exception : quand par la faute de leur tuteur un jugement a été rendu contre eux, ils ont le choix ou de se faire indemniser par leur tuteur, ou de se faire restituer en entier. L. 45, § 1. D. *de minor* (4, 4); L. 3, 5, C. J. *si tutor vel curator* (2, 25).

2° Une juste cause. L. 1. D. *Ex quib. caus. maj.* (4.6). Les préteurs indiquaient dans leurs édits quelques-unes de ces causes, tout en se réservant le droit d'en admettre d'autres. « Si qua alia mihi justa causa videbitur, in « integrum restituam. » L. 26, § 9. D. *ex. quib. caus. maj.* (4. 6). Mais il faut bien remarquer que, alors même qu'on se trouvait dans un des cas énumérés par l'édit, on n'était pas restitué en entier de plein droit; le ma- gistrat n'accordait cette faveur que *causa cognita*, après une enquête dans laquelle il recherchait si réellement la sentence valable en droit strict était contraire à l'équité. L. 3, D. *de in integ. rest.* (4, 1).

Parmi les causes énoncées dans l'édit figuraient surtout :

1° La *metus* : si le *judex* avait été contraint à rendre une sentence inique par des menaces émanées, soit de l'adversaire, soit d'un tiers, du magistrat p. ex. (Cicéron, *Pro Flacco*, 21), ou bien si par force on avait empêché une partie de se présenter à l'audience, et qu'il en soit résulté sa condamnation (Argument d *fortiori*. L. 7, *pr.* D. *de in integ. rest.* (4, 1).

2° Le dol (L. 7, D. *de in integ. rest.* (4, 1), et sous ce nom il faut comprendre toutes les manœuvres frauduleuses de l'adversaire, notamment la production de faux titres ou de faux témoins, et la corruption du juge. L. 2. C. J., *si ex falsis inst.* (7, 58). Pour ce dernier cas cependant, Dioclétien et Maximien semblent dire qu'on pourra invoquer la nullité de la sentence sans avoir besoin de recourir à l'*in integrum restitutio*.

3° La minorité. — La restitution était accordée si facilement aux mineurs quand ils avaient perdu leurs procès par suite de leur inexpérience (*qui per infirmitatem ætatis captum se dicat*). L. 18, § 1, D. *de min.* (4, 4), qu'Ulpien a pu dire que pour eux elle remplaçait l'appel. « Quod « enim appellatio interposita majoribus præstat, hoc be-« neficio ætatis consequuntur minores. » L. 42, D. *de min.* (4, 4). Ce bénéfice n'est pas exclusivement personnel aux mineurs ; leurs héritiers majeurs en jouissent également. « Non solum autem minoribus, verum successoribus « quoque minorum datur in integrum restitutio, etsi « sint ipsi majores. » L. 18, § 5, *de min.* D. (4, 4.) Les cités ont été assimilées sous ce rapport aux mineurs. L. 9. D. *de app.* (49, 1). L. 4, C. J., *quibus ex causis majores* (2, 54).

4° L'absence, quand il en est résulté la perte du procès; on ne l'admit d'abord comme juste cause que lorsqu'elle avait lieu *reipublicæ causa*. L. 1, C. J., *quib. ex caus. maj.* (2, 54), puis on finit par restituer tous ceux dont l'absence était excusable. L. 8, D. *de in integr. rest.* (4, 1.) Il faut noter que dans ce dernier texte la restitution ne remet pas l'absent dans l'état où il était avant le procès; elle n'a qu'un effet, c'est de lui permettre d'appeler de la sentence rendue contre lui quand les délais sont expirés.

5° L'erreur n'est que rarement et dans des cas trèsfavorables une juste cause de restitution.

Pourvu que les deux conditions, la lésion et la juste cause, soient réunies, les jugements de toute sorte peuvent être rescindés; il n'en faut excepter qu'un cas unique, celui où la sentence a été rendue en faveur de la liberté. Toutefois, pour ne pas laisser les plaideurs trop longtemps dans l'incertitude, on avait établi que la restitution ne pourrait être demandée après une année utile, délai que Justinien a porté à quatre ans continus. L. *ult.* C. J., *de temp. in integr.* (2, 53), (sauf controverse pour les majeurs).

Le pouvoir de restituer était un droit dérivant de *l'imperium* dont étaient investis les *magistratus majores* seuls; les magistrats municipaux ne le pouvaient pas. Les textes ne nous donnent pas de règles générales pour déterminer la compétence; cependant je crois qu'on peut poser les suivantes : si on attaque la sentence d'un *judex*, il me semble que, comme dans l'appel, la rescision du jugement devra être demandée au magistrat qui a constitué le *judex;* au contraire, contre la décision d'un magistrat, par analogie de l'*intercessio*, la demande en restitution me paraît devoir être portée à tout autre magistrat égal ou supérieur; p. ex. contre la décision d'un préteur à son collègue ou au préfet de la ville. C'est ce que nous dit Ulpien dans la loi 18 *pr.* D. *de min.* (4, 4). « Minor autem magistratus contra sententiam « majorum non restituet. »

La procédure est assez simple; elle commence par une requête (*postulatio*) de celui qui veut se faire restituer; cette *postulatio* suspend l'exécution, si elle n'a pas déjà eu lieu. Puis le magistrat devant lequel cette demande est formée, vérifie dans une *cognitio* s'il existe une *justa causa restitutionis*, et à la suite de cette enquête accorde ou refuse la restitution. S'il la refuse, tout est fini, et l'exécution qui avait été suspendue peut reprendre son cours. S'il l'accorde, deux partis se présentent à lui : il peut garder l'affaire et la décider lui-même au fond ; ou bien il peut renvoyer de nouveau la question qui avait été jugée à un *judex*, et organiser un *judicium restitutorium*. Le magistrat prendra le premier parti si la sentence rescindée émanait de lui ou d'un autre magistrat; au contraire, il renverra devant un *judex* s'il a restitué contre la décision d'un *judex*.

La procédure que je viens d'indiquer est celle qui a lieu le plus souvent ; mais je crois avec M. Demangeat (Cours élémentaire de droit romain, II, p. 525) que le préteur était toujours libre, quand la *justa causa* n'était pas évidente, de renvoyer les parties devant un *judex* pour y prouver leurs droits à la restitution, et d'accorder seulement une restitution conditionnelle. Il ne faut pas tirer contre cette opinion argument du texte de Paul. « Ex hoc edicto nulla propria actio vel cautio proficis- « citur ; totum enim hoc pendet ex prætoris *cognitione.* »

L. 21, § 5. D. *de min.* (4, 4). Comme le fait très-bien remarquer M. Demangeat, *cognitio* signifie simplement ici pouvoir discrétionnaire. Ainsi entendue, cette loi est tout à fait en faveur du système que je défends.

La décision du préteur sur la demande en restitution, soit qu'il l'admette, soit qu'il la repousse, n'a d'ailleurs pas plus d'autorité que toute autre décision émanant d'un magistrat; elle peut, en conséquence, être réformée par l'appel, L. 39, *pr.* D. *de min.* (4, 4), ou rescindée par une autre restitution en entier, mais seulement pour de nouveaux motifs. C. J., *si sæpius in integrum restitutio postuletur* (2. 44.)

La restitution ne resta pas longtemps le seul secours contre le dol et la violence. Les préteurs imaginèrent bientôt les actions et les exceptions *doli mali* et *metus.* La restitution perdit dès lors dans ces deux cas une grande partie de son importance; elle continua cependant de subsister à côté de ces moyens de droit ordinaire, et il faut voir quelle peut encore être son utilité dans notre sujet.

Pour les exceptions d'abord, il n'y a aucune difficulté; il résulte de la nature même de ces moyens de défense qu'on ne pourra les opposer que si on veut faire valoir contre vous un jugement obtenu par fraude ou par contrainte; et en cela ils diffèrent essentiellement de la restitution qui permet de prendre les devants. Les actions *quod metus causa* ou *doli mali* peuvent, au contraire, comme l'*in integrum restitutio*, être intentées indépendamment de toutes poursuites, et alors s'élève la grave question de savoir quand on doit employer ces actions, quand on doit recourir à la restitution. Ce qui rend la question si obscure, c'est la loi 6, *pr.* D. *de min.* (4, 4), dans laquelle Ulpien nous présente la restitution comme un *ultimum remedium* qu'on ne peut invoquer qu'à défaut de tout autre moyen. « In causæ cognitione etiam hoc « versabitur num forte alia actio possit competere citra « in integrum restitutionem; nam si communi auxilio « et mero jure munitus sit, non debet ei tribui extraor- « dinarium auxilium. » Ce texte, malgré la généralité de ses termes, ne doit pas être pris à la lettre, sans cela la restitution en entier pour cause de violence et de dol aurait cessé d'exister dès l'introduction de nos deux actions, et les Pandectes nous prouvent le contraire. Pour résoudre la difficulté, il faut, je crois, distinguer o cas de violence et le cas de dol.

En cas de jugement obtenu par contrainte, je suis tenté d'accorder à la victime de ce jugement le choix entre l'action *quod metus causa* et la restitution en entier. Paul donne une décision analogue dans la loi 21, § 6, D. *quod metus causa* (4, 2).

Si, au contraire, il y a eu des manœuvres frauduleuses pour amener le juge à rendre une sentence inique, nous ne pouvons plus appliquer la même règle, parce que l'action *doli* étant infamante, le préteur ne l'accordera qu'en cas d'absolue nécessité, et ici je sous-distingue : 1° le dol a été pratiqué par l'adversaire au procès : on serait fondé à intenter l'action *doli*; mais la restitution produira les mêmes résultats et le préteur préfère l'accorder parce qu'elle n'entraînera pas l'infamie. L. 7, § 1, D. *de in integr. rest.* (4, 1). L. 25, D. *de dolo* (4, 3). L. 33, D. *de re judex* (42, 1); toutefois la solution a été controversée au moins pour les contrats. L. 38, D. *de dolo* (4, 3). 2° Le dol a été pratiqué par un tiers autre que l'adversaire; celui-ci a le droit de n'être poursuivi qu'après qu'on aura épuisé contre l'auteur de la fraude tous les moyens de droit, même l'action *doli ;* il n'y aura donc lieu à restitution en entier qui atteindrait directement l'adversaire non coupable de dol qu'en cas d'absolue nécessité, c'est-à-dire si le tiers contre lequel on a intenté l'action *doli* est insolvable. Ce n'est du reste que justice ; le défendeur à la restitution, quoique innocent, ne doit pas profiter d'un dommage fait injustement à autrui et désormais irréparable. Telle est la doctrine de la loi 3, *pr.* et § 1, D. *de eo per quem factum* (2, 10).

L'introduction de l'appel vint encore restreindre la sphère d'application de la *restitutio in integrum* contre les jugements ; elle se conserva cependant surtout pour les mineurs, et dans quelques cas pour les majeurs ; et en effet si l'appel dispensait d'une juste cause pour faire réviser le jugement, la restitution présentait cet avantage qu'elle ne devait pas comme ce moyen ordinaire être interjetée dans des délais extrêmement courts.

CHAPITRE III.

De l'appel.

SECTION I.

Du droit d'intercession.

En dehors des cas exceptionnels où il y avait une cause de nullité ou de rescision, la république romaine, en matière civile du moins, ne connut pas de voie de recours contre les sentences. On ne pouvait porter devant un autre tribunal ce qui avait déjà été jugé, et la *res judicata* était irrévocablement décidée dès la première instance sans pouvoir passer par d'autres : on ne distinguait pas, comme chez nous, un jugement valable d'un jugement ayant force de chose jugée.

C'était une conséquence nécessaire de l'ancienne constitution romaine. Les magistrats supérieurs, consuls, préteurs, etc..., étant à l'origine investis de la puissance royale, il en résultait logiquement que leurs décisions n'étaient soumises à aucun contrôle, à aucune révision ; d'un autre côté où trouver des garanties plus grandes d'une bonne sentence que dans les *judices*, ces citoyens jurés ?

Cette indépendance complète des magistrats, cette autorité absolue attribuée aux décisions des *judices* purent produire de bons résultats dans les premiers temps alors que les mœurs étaient encore austères ; mais quand l'ambition, la soif des richesses, la corruption eurent envahi toutes les classes de la société, on s'aperçut qu'il n'était pas bon de laisser ainsi la fortune et l'honneur d'un citoyen dépendre du caprice d'un magistrat ou d'un juge, et l'on sentit vivement le besoin d'apporter des réformes dans l'administration de la justice, réformes que l'empire seul devait accomplir.

Mais déjà, sous la république, les parties qui avaient à se plaindre d'un jugement, trouvaient dans le droit public lui-même un moyen de se garantir ; elles pouvaient contre tout acte d'un magistrat solliciter l'intercession de son collègue ou d'un magistrat supérieur, « *parem majoremve potestatem appellare.* » Cic. *de leg.* (III, 3). Dans les premiers temps de la cité romaine, alors que tous les magistrats étaient encore choisis parmi les patriciens, la plèbe avait, à la suite de ses révoltes, obtenu l'élection de tribuns du peuple, magistrats choisis dans son sein et précisément investis de ce seul droit d'intercession contre les actes de tout autre magistrat et du Sénat. Les historiens latins nous donnent de nombreux exemples de ce droit de veto : ainsi nous voyons les tribuns du peuple intercéder contre la conception de la formule, Cic. *pro Tullio*, 38. Asconius, *in orat. in toga cand.* (Orelli, p. 84); contre l'imposition d'une caution, Cic. *pro Quinctio*, 20; contre la continuation d'un *judicium*, Cic. *pro Cluentio*, 27; contre des *cognitiones extra ordinem*. Gellius, VII, 19. Livius, XXXVIII, 60; contre des empêchements à l'exécution. Valère Maxime, VI, 5. On demandait plus rarement le veto à un magistrat; cependant Lucius Pison dut intercéder contre un décret de son collègue, Verrès, qui dérogeait au propre édit de ce trop fameux préteur. Cic. *Verr.*, I, 46.

Chaque magistrat ou tribun avait individuellement le droit de veto; mais généralement il en conférait avec ses collègues, et la décision était prise à la majorité des voix. C'est ainsi que procédait ordinairement le collége des tribuns saisi par un de ses membres d'une demande d'intercession. Le veto produisait un effet purement négatif, c'est-à-dire qu'il empêchait seulement de procéder à l'acte auquel il était opposé; quand il était accordé par un magistrat contre la décision de son collègue, le magistrat qui avait intercédé pouvait ensuite trancher la question si elle était portée devant lui; au contraire, dans le cas beaucoup plus fréquent où l'on en appelait aux tribuns du peuple, ceux-ci n'étant pas investis de la *jurisdictio*, pouvaient bien casser le juge-

ment; mais dans aucun cas ne pouvaient faire valoir
à sa place leur propre décision : aux magistrats proprement dits seuls, en effet, était réservé le droit de trancher les procès soit par eux-mêmes, soit par les *judices*
qu'ils nommaient.

Ainsi l'intercession tribunitienne pouvait être demandée et par le demandeur et par le défendeur contre la
délivrance de la formule; mais, une fois que le procès
avait abouti, l'intercession ne protégeait que le défendeur contre l'exécution. Qu'aurait pu espérer le demandeur injustement débouté? Le veto produisant un effet
purement négatif, ne pouvait lui conférer un droit que
le juge lui avait refusé.

Ce moyen de recours, avec toutes ses lacunes, n'existait encore qu'à Rome et dans les municipes. (*Lex municipal. Flav. Salpensa,* 27.)

Dans les provinces il n'y avait aucun secours à espérer contre les actes du gouverneur tant qu'il était en
charge; tandis que, au contraire, en vertu de sa puissance illimitée, il pouvait rescinder les décisions de son
questeur et même celles de son prédécesseur. Mais ces
réformations dues dans la plupart des cas à la faveur,
loin d'assurer un cours régulier à l'administration de
la justice, ne faisaient qu'y apporter du désordre et de
la confusion.

Je dois faire remarquer ici, que l'*intercessio* pouvant
avoir lieu seulement contre les actes émanant d'un
magistrat ou du Sénat, personne ne pouvait intervenir
dans l'instruction ou la décision d'une affaire confiée
à un *judex*, pas même le magistrat qui l'avait constitue.
On trouvait du moins à Rome des *judices* qui revendi-
quaient leurs droits (Cic. *pro Quinctio,* 9. 22). Mais dans

les provinces il est vraisemblable qu'ils étaient soumis à l'omnipotence du gouverneur.

L'intercession était le seul moyen sous la république de se défendre contre un jugement injuste; on pouvait bien à la rigueur et dans certains cas, chercher à se faire indemniser du préjudice causé par une décision judiciaire, soit en prenant à partie le juge qui a fait le procès sien, soit en dirigeant contre le magistrat lui-même une accusation de concession (*crimen repetunda-rum*). Mais ces procès étaient bien dangereux et offraient bien peu de garanties aux citoyens à une époque aussi corrompue (1) que celle de la fin de la république romaine, où l'administration de la justice violemment disputée entre les partis, assurait aux factieux qui l'emportaient, l'impunité pour tous leurs crimes.

Le vice capital de l'organisation judiciaire sous la république était l'absence de toute hiérarchie entre les divers magistrats, et par suite l'impossibilité absolue de contrôler, de surveiller et de réformer leurs actes.

---

(1) On peut se faire une idée du triste état des mœurs des *judices* de cette époque en lisant dans Macrobe (*Saturnales*, II, 12), le discours de Cneius Titius à propos d'une loi somptuaire, la loi *Fannia*. Le tableau est chargé sans doute; mais pour qu'on pût oser tenir un pareil langage à la tribune, il fallait qu'il y eût au fond beaucoup de vérité : « Ludunt « alea studioso, unguentis delibuti, scordis stipati. Ubi horæ decem sunt, « jubent puerum vocari, ut comitium eat percontatum, quid in foro ges- « tum sit, qui suaserint, qui dissuaserint, quot tribus jusserint, quot « vetuerint. Inde ad comitium vadunt, ne litem suam faciant. Dum eunt, « nulla est in angiporto amphora, quam non impleant: quippe qui vesi- « cam plenam vini habent. Veniunt in comitium tristes; jubent dicere. « Quorum negotium est, narrant. Judex testes poscit. Ipsus it minctum. « Ubi redit, ait se omnia audivisse; tabulas poscit, litteras inspicit. Vix « præ vino sustinet palpebras. Eunt in consilium, ibi hoc oratio : qui « mihi negotii est cum istis nugatoribus? Quam potius potamus mulsum « mixtum vino græco, edimus turdum pinguem, bonumque piscem, lu- « pum germanum qui inter duos pontes captus fuit? »

Les abus qui résultaient d'un tel état de choses étaient
si grands que les populations accueillirent presque avec
joie l'empire, qui, en confisquant leur liberté, leur
assurait du moins plus de sécurité pour les personnes
et pour les biens.

SECTION II.

De l'appel proprement dit.

§ I. Origine de cette institution.

La plupart des auteurs modernes considèrent comme
une nécessité de la bonne administration de la justice,
la possibilité de soumettre une sentence qui vous est
défavorable, à l'examen d'un juge supérieur investi du
pouvoir de la réformer ou de la confirmer; nous avons
vu que la république romaine ne connaissant pas de
hiérarchie entre les divers magistrats, n'avait pu organiser d'institution qui répondît à ce besoin; mais dès
l'avénement de l'empire on ne put plus douter que
l'empereur ne fût au-dessus de tous les autres magistrats, et dès lors la condition essentielle étant réalisée,
nous ne tardons pas à voir l'appel apparaître et se
développer.

Nous pouvons étudier dans cette circonstance le caractère distinctif du génie romain, à la fois conservateur
et progressiste, rattachant sans cesse au passé les innovations qui s'en écartaient le plus. Auguste et ses successeurs avaient trop d'intérêt à paraître respecter les
vieilles formes républicaines pour avoir innové brusquement dans le sujet qui nous occupe. Il est intéressant
de voir avec quelle habileté les empereurs ont su rester

fidèles à leur principe d'éviter les formes nouvelles et les noms nouveaux, en exploitant les anciennes institutions de la république et en les combinant de manière à dissimuler les créations réelles.

Leur politique fut bien simple : au lieu d'imaginer pour leur dignité des titres nouveaux, ils se contentèrent de celui d'*imperator* qui exprimait une vague idée d'*imperium*; mais ils se firent conférer à vie toutes les charges de la république. Je ne rappellerai ici que celles de ces magistratures qui leur permirent de déguiser leur immixtion comme juges suprêmes dans l'administration de la justice. Dès l'an 724 de Rome, Auguste se faisait attribuer par le peuple la plus populaire de toutes les magistratures, la puissance tribunitienne, qui lui fournissait le moyen d'intervenir avec son *intercessio* dans tous les litiges de Rome et de l'Italie. Quant aux provinces, elles étaient soit provinces impériales, soit provinces du sénat. Les provinces impériales avaient à leur tête un *legatus Cæsaris*, placé, comme tout lieutenant par rapport à son supérieur, dans la domination absolue de l'empereur qui pouvait à son gré réformer tous ses actes, même ses jugements. Les provinces du Sénat étaient gouvernées par un proconsul ; mais l'empereur qui s'était fait investir aussi de la *proconsularis potestas*, jouissait du droit d'intercession contre tous les actes du proconsul dont il était l'égal, et pouvait par son veto arrêter l'exécution de toutes les décisions judiciaires de ce magistrat.

Ainsi, l'empereur pouvait intercéder dans toute l'étendue de l'empire contre les sentences des magistrats, soit comme tribun, soit comme proconsul, et de plus dans les provinces de César, il avait le droit, non pas seule-

ment de casser les jugements, mais de les réformer pour
pour simple maljugé, sans qu'il y ait aucune cause de
nullité ou de restitution.

Il est facile de comprendre qu'un pareil état de choses
ne pouvait durer et que les empereurs dépositaires en
fait, sinon en droit, de la puissance absolue, ne tardèrent
pas à faire la règle de ce qui n'était que l'exception, et
à s'arroger le droit de réformer les décisions des magistrats dans toute l'étendue de l'empire. Ils en trouvèrent
le moyen en confondant deux institutions tout à fait
différentes : l'*appellatio* ou requête par laquelle on demandait à un magistrat ou à un tribun son *intercessio* et
la *provocatio* dont je dois dire quelques mots.

À une époque très-ancienne, peut-être déjà sous la
royauté (Cic. *De republica* II, 31, conf. Seneca *Epist.* 108.
L. 2, § 16, D. *De orig. juris*, 1, 2), Rome avait eu un
moyen de recours, la *provocatio*, ouverte à tout citoyen
condamné par un tribunal criminel ; ce citoyen pouvait
porter appel de la condamnation devant l'assemblée du
peuple qui avait pouvoir de changer ou confirmer le
premier jugement. Sous la république, l'application de
la *provocatio* est presque générale ; il n'y avait que les
condamnations prononcées par les décemvirs ou les
dictateurs qui ne fussent pas soumises à l'appel devant
l'assemblée du peuple. Néanmoins dans les temps postérieurs, et précisément à l'époque où la liberté individuelle obtenait tous les jours plus de garanties, on ne
cite presque aucun exemple de cet appel au peuple, et
voici comment s'explique ce fait extraordinaire. La
justice criminelle était alors rendue par des commissions
permanentes établies pour la recherche des délits
commis par les particuliers (*quæstiones perpetuæ*). Ces

commissions se composaient d'un certain nombre de citoyens désignés par le préteur, et elles jugeaient, non comme les anciens tribunaux, mais en vertu de la désignation du préteur et avec le concours de jurés qui représentaient le peuple. Cette espèce de jugements ne parut pas susceptible d'un appel au peuple, puisqu'ils étaient rendus par le peuple lui-même sous la forme d'une commission. Savigny, VI, append. XV.

Cette *provocatio*, véritable voie de recours permettant de réviser les sentences criminelles, existait encore à l'avénement de l'empire, au moins de nom, en cas de condamnations résultant de délits pour lesquels on n'avait pas créé de *quæstio perpetua*.

Les empereurs profitèrent de l'analogie qui existe dans les idées entre *provocare* et *appellare*, et, confondant ces deux institutions si différentes sous la république, ne se contentèrent plus d'apposer leur veto à l'exécution, mais s'attribuèrent le droit qui avait appartenu au peuple, de réviser et de réformer, s'il y avait lieu, les sentences des magistrats, aussi bien en matière civile qu'en matière criminelle.

Cette explication historique de l'origine des instances se trouve merveilleusement confirmée par la phraséologie nouvelle qui s'établit dès le commencement de la domination impériale. Tite-Live emploie encore les expressions de *provocatio* et d'*appellatio* dans leur sens propre et rigoureux (III, 33, 34, 36, 56, 57). Bientôt après la distinction s'efface et ces expressions sont prises comme des synonymes désignant une seule et même chose. Nous le voyons bien dans les auteurs : Pline (*Historia nat.* VI, 22.) dit, en parlant d'un peuple indien : « Sic quoque *appellationem* esse ad *populum*. »

Bardot.   3

Aulu-Gelle (IV, 4) « Mamilia ad *tribunos plebis provoca-*
vit; » Aulu-Gelle (IV, 19) « Scipio Africanus, fratris no-
« mine, *ad collegium tribunorum provocabat* ». L. 1, § 1, D.
« *Quæ sent. sine app.* » (49, 8). « Nec *appellare* necesse
« est et citra *provocationem* corrigitur. » L. 1, § 1, D.
a quib. app. (49,2) « Et quidem stultum est illud admo-
« nere, a principe *appellare* fas non esse, cum ipse sit
« qui *provocatur.* »

Cette transformation dans l'organisation judiciaire
répondait à un besoin si réel de la société romaine, que
nous la voyons apparaître brusquement, dès qu'elle fut
devenue possible, grâce à la substitution de l'idée monarchique à l'égalité des magistratures républicaines,
et déjà sous Auguste l'appel, dans le sens moderne du
mot est organisé, peut-être par une loi *Julia judiciaria*,
tel qu'il restera plus tard.

Cette institution ne demeura pas limitée au plus haut
degré de juridiction; à l'imitation de l'appel à l'empereur, on vit s'établir dans les provinces l'appel des
magistrats inférieurs au gouverneur de la province, et
il fut défendu d'en appeler directement à l'empereur
sans passer par les instances intermédiaires. Malgré
cette restriction, l'empereur n'aurait pu connaître par
lui-même de tous les appels de son immense empire, et
Auguste déjà délégua les appels de Rome, par ex. du
préteur, au préfet du prétoire, et les appels des provinces
à des consulaires préposés chacun à une province. Ces
consulaires ne tardèrent pas à être remplacés par les
deux commandants de la garde impériale, les préfets du
prétoire, qui jugeaient *vice sacra*, sans toutefois empêcher l'empereur de connaître des affaires concurrem-
ment avec eux, et même de recevoir les appels de leurs

sentences. L. 38, D. *de min.* (4, 4). Enfin, toujours dans le même but de prévenir l'accumulation des appels devant le tribunal suprême, on ne permit, à partir de Néron, l'appel à l'empereur que dans les affaires d'une certaine importance, et l'on établit une amende pour l'appelant qui succomberait.

A côté de l'appel à l'empereur, quelques textes mentionnent l'appel au Sénat. L. 10, § 1. D. *De app.* (49,1). Peut-être était-ce pour les appels des *magistratus populi*, comme le conjecture Puchta (§ 181); peut-être n'était-ce là qu'un effet de la gracieuse courtoisie du prince qui voulait paraître laisser à cette assemblée encore quelque autorité, comme le dit Bethmann Hollweg (II, § 62, not. 25). Je suis tenté d'admettre cette idée en présence du passage où Tacite (*Annales* XIV, 28) nous montre Néron mettant l'appel au Sénat sur la même ligne que l'appel au prince. « Auxitque patrum honorem, sta-
« tuendo, ut qui a privatis judicibus ad Senatum provo-
« cavissent, ejusdem pecuniæ periculum facerent, cujus
« ii qui imperatorem appellavere ; nam antea vacuum
« id solutumque pœna fuerat. »

Une question encore douteuse aujourd'hui est celle de savoir si, dès le règne d'Auguste, on pouvait appeler des sentences des *judices*, comme des décisions des magistrats. Les textes ne nous fournissent aucun renseignement à ce sujet. M. Puchta (§ 181) pense qu'à l'origine on s'est contenté du droit appartenant aux magistrats de rescinder les sentences des juges par l'*in integrum restitutio*, qu'on avait fait sortir un peu de ses véritables conditions, en permettant de rescinder un jugement pour simple mal jugé ; mais bientôt on rejeta toute dissimu-
lation, et à côté de l'*in integrum restitutio*, renfermée

dans ses vraies limites, on introduisit un véritable appel du *judex* au magistrat qui l'avait constitué. Le *judex* perdit ainsi son ancien caractère, pour devenir un espèce de fonctionnaire, dont les décisions étaient soumises aux mêmes chances de réformation que celles des magistrats; et de cette façon se prépara la suppression de l'ancien *ordo judiciorum*. Quelle que soit la valeur de cette conjecture, il est certain qu'à l'époque de Marc-Aurèle, on pouvait appeler du *judex* au magistrat qui l'avait nommé, et celui-ci pouvait réformer la sentence. L. 1, *pr.* L. 3, D. *quis a quo app.* (49, 3). L. 1, § 3, D. *de app.* (49, 1).

L'introduction de cette voie de recours ordinaire et générale modifia d'une façon essentielle la théorie de la chose jugée. Dès lors, on ne put plus dire qu'il y avait *res judicata* dès que la sentence avait été prononcée, et réunissait toutes les conditions de validité; il fallut attendre que la réformation du jugement fût devenue impossible, soit parcequ'on avait laissé expirer les délais de l'appel, soit parce qu'on avait épuisé tous les degrés de juridiction.

Cette possibilité de porter en dernier appel toutes les affaires devant le tribunal impérial, amena dans une certaine mesure le résultat heureux d'assurer dans cet immense empire l'unité de jurisprudence qui est si nécessaire partout à la bonne administration de la justice.

§ II. Dans quels cas, devant quels magistrats et par qui l'appel pouvait être interjeté ?

Une fois qu'on eut admis la possibilité de faire réviser les décisions d'un magistrat par une autorité supérieure, on ne borna pas ce principe aux matières civiles contentieuses; mais, à l'exemple de l'antique *intercessio* qui subsistait bien encore de nom, mais que l'appel rendait inutile, on l'appliqua à tous les actes des fonctionnaires ; ainsi en matière fiscale, L. 7, *pr.* D. *de app. recip.* (49, 5) et criminelle, L. 6, L. 16, D. *de app.* (49, 1), L. 6, § 3, C. J. *de app.* (7, 62), et même en matière administrative, dans des causes non contentieuses, p. ex. contre le décret d'un sénat municipal qui vous impose une charge. D. *Si tutor, vel curator magistratus creatus appellaverit* (49, 10).

Nous n'avons à nous occuper ici que de l'appel des décisions judiciaires. Le principe à l'époque classique est qu'il est admis contre toute décision qui tranche irrévocablement un point de droit, que ce soit un jugement d'avant-faire-droit (*ante sententiam*) ou un jugement définitif (*post decisam sententiam*), L. 6 *pr.* C. J. *de app,* (7, 62), qu'il ait été rendu par un magistrat ou par un *judex*. Ainsi dans la loi 2. D. *de app. recip.* (49, 5), Scevola nous mon're l'appel interjeté contre le jugement d'un *judex* qui recourt à la torture comme moyen de preuve, alors qu'il n'en a pas le droit. « Ante sententiam appel-« lari potest, si quæstionem in civili negotio habendam « judex interlocutus sit, vel in criminali, si contra leges « hoc faciat. »

Comme exemple d'appel d'un jugement interlocutoire rendu par le magistrat, on peut citer la loi 39 *pr*, D. *de min.* (4, 4). « Dicta pro ætate sententia, adversarii ut impedirent cognitionem præsidis, ad imperatorem appellarunt. » Mais il faut remarquer que l'appel n'était possible que contre les sentences du magistrat, et non contre les simples ordres que, en vertu de son autorité, il pouvait rétracter. L. 14. D. *de re jud.* (42, 1) « Quod jussit « vetuitve prætor, contrario imperio tollere et repetere « licet : de sententiis contra. »

L'institution de l'appel avait eu pour but de réformer les jugements injustes, quoiqu'elle eût parfois pour résultat de substituer une sentence inique à une décision équitable. L. 1. *pr.* D. *de app.* (49, 1). « Appellandi usus « quam sit frequens quamque necessarius, nemo est qui «nesciat; quippe cum iniquitatem judicantium aut impe- « ritiam re corrigat; licet nonnunquam bene latas sen- « tentias in pejus reformet; neque enim utique melius « pronuntiat qui novissimus sententiam laturus est. » Mais on aurait pu profiter de ce moyen de droit pour retarder injustement la décision d'un litige; aussi on ne tarda pas à mettre des restrictions à la faculté d'appeler.

1. L'appel, comme le prouve la loi que je viens de citer, supposant par sa nature une décision injuste, ne peut être admis contre un aveu qui équivaut à un jugement. Le *confessus* a prononcé lui-même la sentence; il ne doit pas lui être permis de l'attaquer ensuite. Paul, V, 35, § 2. Il en est de même depuis Justinien du jugement fondé sur une délation ou un refus de serment. L. 12 § 1 et 3. C. J. *de rebus creditis* (4, 1).

2. On a refusé au contumax le droit de se pourvoir par appel contre la décision qui le condamne pour le punir de sa désobéissance. Paul. Sent. V, 5 a, 7. L. 1. C. J. *quorum app. non recip.* (7, 65).

3. L'appel n'est pas possible contre les mesures qui ne sont qu'une suite nécessaire d'un jugement, si ce jugement n'est pas ou ne peut être attaqué par cette voie; par contre l'exécution, en la supposant régulière. Paul, V, 35, 2. L. 4, *pr.* et § 1. D. *de app.* (49, 1).

4. Il n'est pas permis d'appeler des décrets rendus en conformité de l'édit et destinés à n'avoir de force que

sous les conditions établies par ce dernier ; p. ex. contre les décrets qui accordent une *bonorum possessio edictalis*, la *missio in bona*, une action, un interdit, etc. L. 7, § 1. D. *de app. recip.* (49, 5). « Item si ex perpetuo edicto aliquid « decernatur, id quominus fiat, non permittitur appel-« lare. »

5. On n'admet pas davantage l'appel contre des déci-sions qui ne causent aucun préjudice. « Non esse appel-« landum si quis forte interlocutus sit, principem se « consultaturum, cum possit post rescriptum appellare ; » contre les mesures urgentes, comme l'ouverture d'un testament, etc. « Si res delationem non recipiat, non « permittitur appellare, ne vel testamentum aperiatur, « ut divus Hadrianus constituit ; ne frumentum in usum « militum, in annonæ subsidia contrahatur : neve scriptus « heres in possessionem inducatur. » L. 7, § 1. D. *de app. recip.* (49, 5).

6. En général on ne tenait pas compte de l'intérêt en litige. Valentinien III (Novelle 12), avait défendu d'ap-peler au-dessous de 100 solides ; cette prohibition ne paraît pas avoir duré. Cependant pour l'appel à l'empe-reur, il fallait que le procès eût une certaine importance (*summa appellabilis*). Cette règle qui ne se trouvait plus dans la compilation de Justinien, nous la trouvons rétablie dans une novelle postérieure pour quelques cas seule-ment. Nov. 23. c. 3.

7. L'appel devant être jugé par un tribunal supérieur ne pouvait évidemment pas être interjeté contre les sen-tences du Sénat. Tacite, *Annales* XIV, 28 ; L. 1, § 2. D. *a quib. app.* (49. 2), ou de l'empereur. L. 1. § 1, D, *a quib. app.* (49, 2) ; et de plus l'empereur pouvait en constituant un magistrat, lui donner la qualité d'*inappellabilis*, c'est-à-

dire, lui conférer le droit de trancher en dernier ressort les différents qui lui seraient soumis. L. 1, § 4, D. *a quib. app.* (49. 2).

8. Enfin les parties peuvent, soit avant, soit après le jugement, renoncer volontairement à exercer leur droit d'attaque contre lui.

La question de savoir si l'on pouvait appeler d'une décision rendue par les centumvirs est très-controversée. Du temps de la république, l'appel n'était certainement pas plus admis dans ce cas que dans tout autre. La question ne se pose donc que pour l'empire. Suétone (Domitien, ch. 8) nous apprend que cet empereur rescinda « in foro pro tribunali extra ordinem ambitiosas « centumvirorum sententias ; » mais on peut dire que ce passage ne parle que des *venales sententiæ* et ne doit s'entendre que d'une déclaration de nullité. Néanmoins il me paraît vraisemblable et conforme aux habitudes de l'empire que le prince se soit arrogé le droit de réformer les décisions, c'est-à-dire, de connaître des appels d'un tribunal que, par respect pour la tradition, on ne supprimait pas, mais qu'on laissait tomber en désuétude. Du reste aucun autre magistrat n'aurait pu connaître de ces appels, et il est certain que les jugements rendus sur la querelle d'inofficiosité, par conséquent rendus par les centumvirs, étaient susceptibles d'appel. L. 8, § 16. L. 27, § 3. D. *inoff. test.* (5, 2). L. 50, § 1, *de leg.* 1 (30). L. 5, § 1, *de app.* (49, 1).

Sous les empereurs chrétiens, on tendit de plus en plus à restreindre l'usage de l'appel. Le Code Théodosien nous présente d'abord une règle fort importante, à savoir qu'il est défendu, sous peine d'une amende considérable, d'appeler des jugements d'avant-faire-droit (*a præ-*

judicio, articulo, interlocutione), c'est-à-dire rendus au cours du procès, sauf dans quelques cas déterminés : 1° si le juge est incompétent, 2° s'il refuse d'admettre la demande, 3° d'admettre une exception péremptoire, 4° d'accorder les délais demandés pour la production des preuves. Dans tous ces cas on déroge à la règle parce que le jugement d'avant-faire-droit influe plus ou moins sur la décision définitive. L. 18. C. Th. *quorum app.* (11. 30) a. 365. « Nullum audiri provocantem ante « definitivam sententiam volumus, si tamen in judicio « competenti negotium fuerit inchoatum, salva scilicet « juris antiqui moderatione atque sententia, cum vel « exceptio opponitur, vel ad agendum locus poscitur, « vel dilatio instrumentorum causa aut testium postu- « latur, atque hæc impatientia vel iniquitate judicum de- « negantur. » L. 33. C. Th. *eod. tit.* a. 373. « Cum de « præscriptionibus peremptoriis agitur examen, si eas « præscriptiones judex ut leves putaverit improbandas, « et ab ejus interlocutione fuerit appellatum, provocatio « hujusmodi recipiatur, cum peremptoria præscriptio et « definitiva sententia eadem vi vel consumptæ causæ vel « non admittendæ videantur operari. » Justinien n'a pas inséré ces lois dans son code, mais il a décidé que sans exception on ne pourrait interjeter appel des jugements d'avant-faire-droit avant la sentence définitive L. 36, C. J. *de app. et cons.* (7, 62).

Néanmoins il n'a pas eu soin de mettre toutes les parties de sa compilation en harmonie avec cette nouvelle idée, et l'on pourrait, bien à tort, être tenté de mettre en doute la réalité du principe. L. 39 *pr.* D. *de min.* (4, 4). L. 2 D. *de app. recip.* (49, 5). L. 20. D. *de quæst* (48, 18).

Le Code Théodosien défendait aussi d'interjeter appel

de l'interdit *quorum bonorum*. L. 22. C. Th. *quorum app.* (11, 36) et Symmaque (Ep. X, 48, 53, 58) nous apprend qu'il en était de même pour l'interdit *de vi*. Ces deux nouvelles limitations n'ont pas passé dans la législation de Justinien.

Dans le procès où le fisc figurait comme partie, l'appel à l'origine était permis sans exception; il fut ensuite défendu; plus tard, la défense d'appeler fut restreinte aux réclamations purement fiscales, et, dans tous les autres cas, l'appel resta possible jusque dans les derniers temps. En matière criminelle, cette voie de recours n'était pas non plus admise sans exception. Je me contente de citer ces points qui ne rentrent pas directement dans mon sujet, et de renvoyer aux textes nombreux que cite M. Bethmann Hollweg. Civilprozess III, § 160 (not. 9-14).

Il faudrait maintenant, pour répondre au titre de ce paragraphe, rechercher devant quel magistrat l'appel doit être porté; mais cette recherche m'entraînerait beaucoup trop loin et ne présenterait; d'ailleurs, qu'un médiocre intérêt pour le jurisconsulte, l'appel devant être jugé par le magistrat immédiatement supérieur, je devrais parcourir, pour résoudre la question, tous les changements apportés par les divers empereurs dans la hiérarchie judiciaire. Ce travail a été fait en raccourci par M. Zimmern au livre duquel on peut se reporter pour connaître les détails (*Traité des actions*, traduit par Étienne, § 170-1) V. aussi Keller. Procédure, § 82.

Je me contente de rappeler les principes que j'ai déjà énoncés plus haut : L'appel de la sentence du *judex* va au magistrat qui l'a constitué; des magistrats inférieurs on appelle au gouverneur de la province; du gouver-

neur ou du préteur à Rome, l'appel se porte à l'empereur; mais il ne juge pas lui-même ordinairement : il
délègue ces causes au préfet de la ville et aux préfets
du prétoire, en réservant contre les décisions de ces
magistrats soit l'appel, soit seulement la supplication
devant son tribunal. J'aurai, du reste, l'occasion de revenir sur ce point dans le paragraphe spécial que je
consacrerai aux appels à l'empereur, et je mentionne-
rai là les modifications apportées à la législation primitive dans notre matière par Constantin et ses successeurs.

Enfin, la remarque la plus importante à faire sur ce
sujet est que les Romains n'avaient point eu, comme
chez nous (loi du 1er mai 1790) l'idée de limiter le nombre des juridictions par lesquelles un procès pouvait
passer : le nombre des instances dépendait donc du
degré hiérarchique qu'occupait dans l'organisation judiciaire le magistrat, de la sentence duquel on voulait
appeler, et il était défendu de franchir aucun échelon
et d'appeler directement, *per saltum et omisso medio*, devant le tribunal impérial.

Justinien, le premier, a décidé qu'on ne pourrait appeler plus de deux fois pour la même cause, c'est-à-dire
qu'il ne pourrait y avoir plus de 3 degrés de juridiction.
L. unic. C. J. *Ne liceat in una eademque causa tertio provocare* (7. 70).

L'appel a toujours appartenu au *jus extraordinarium*,
comme nous le verrons en étudiant la procédure, et n'a
jamais été assujetti aux formes rigoureuses que nous
trouvons encore dans le système formulaire. Il avait
été introduit pour faire prévaloir, autant que possible,
l'équité sur le droit rigoureux en soumettant la question

déjà tranchée à l'appréciation de nouveaux juges présumés plus éclairés ; il en résulte qu'on n'admettait pas seulement à se prévaloir de ce droit d'attaque, à interjeter appel, ceux qui avaient figuré au procès primitif par eux-mêmes ou par leurs représentants, mais qu'on permettait d'appeler à tout tiers qui y avait intérêt. Les textes sont formels et ne peuvent nous laisser aucun doute à cet égard. Marcien. L. 5. D. *de app.* (49. 1) semble d'abord dire le contraire : « A sententia inter alios « dicta appellari non potest; » mais il ajoute de suite « nisi ex justa causa, » et il cite comme exemple : « Veluti si quis in coheredum judicium se condemnari « patitur, vel similem huic causam, quamvis et sine « appellatione tutus est coheres. Item fidejussores pro « eo pro quo intervenerunt. Igitur et venditoris fidejus- « sor, emptore victo, appellabit, licet emptor et venditor « adquiescant. » Voyez aussi les § 1, 2, 3 de cette même loi 5. Ulpien n'est pas moins formel dans la loi 1 pr. D. *de app. recip.* (49, 5). « Non solent audiri appellantes, « nisi hi quorum interest, vel quibus mandatum est, « vel qui negotium alienum gerunt, quod mox ratum « habetur. » On a même admis, dans un cas exceptionnel, qu'il suffisait pour interjeter appel d'avoir un simple intérêt d'affection. L. 1, § 1, D. *de app. recip.* (49, 5). « Cum mater filii rem sententia eversam animadver- « teret, provocaverit, pietati dans, dicendum est, et « hanc audiri debere : et si litem præparandam curare « maluerit, intercedere non videtur, licet ab initio de- « fendere non potest. » En vertu du même principe, le *procurator* ou autre représentant peut interjeter appel de la décision qui est défavorable à la personne représentée. La loi 31, § 2, D. *de negotiis gestis* (3, 5) lui a fait

même un devoir, quoique le *dominus* puisse ainsi exercer lui-même ce droit. L. 3, § 1, D. *Ratam rem hab.*
(46. 8). Toutefois, il ne faut pas exagérer l'idée que
tout intéressé, même non partie au procès, peut attaquer
par appel la sentence et la faire réformer en sa faveur.
Cet individu doit nécessairement être capable d'agir en
justice en son propre nom; or, l'esclave n'a pas ce
droit, il ne pourra donc pas interjeter appel. Telle est,
du moins, la règle : on a fini par y admettre une exception, que nous trouvons à la fin du texte de Modestin
qui pose le principe. L. 15. D. *de app. et rel.* (49. 1):
« Servi appellare non possunt; sed domini eorum ad
« opem servo ferendam possunt uti auxilio appella-
« tionis : et alius domini nomine id facere potest. Sin
« vero neque dominus neque alius pro domino appella-
« verit, ipsi servo qui sententiam tristem passus est,
« auxilium sibi implorare non denegamus. »

J'ai dit que l'appel avait été institué pour permettre
de faire prévaloir la vérité devant des juges supposés
plus clairvoyants, malgré la précédente *res judicata*. Par
suite encore de la même idée, si, après l'appel interjeté
par l'un seulement des litisconsorts dans un procès
pour une dette même divisible, le jugement est réformé, cette réformation profitera à tous les autres, à
moins qu'il n'y ait pour eux des raisons de décider en
sens contraire. Le Code de Justinien a un petit titre
consacré en entier à cette question : « *Si unus ex plu-
« ribus appellaverit* (7. 68). L. 1). » Si judici probatum
« fuerit unam eamdemque condemnationem eorum
« quoque, quorum appellatio justa pronuntiata est,
« fuisse, nec diversitate factorum separationem acci-

« pere, emolumentum victoriæ secundum ea quæ sæpe
« constituta sunt, ad te quoque, qui nec provocasti,
« pertinere non ignorabit. » (L. 2.) « Si in una eademque
« causa unus appellaverit, ejusque justa appellatio pro-
« nuntiata est : ei quoque prodest qui non appellaverit.
« Quod si ætatis auxilio unus contra sententiam resti-
« tutionem impetraverit, majori qui jure suo non ap-
« pellaverit, hoc rescriptum non prodest. »

Les jurisconsultes, dans les fragments que nous ont
conservés les Pandectes, sont encore plus explicites, si
c'est possible. Je ne veux citer qu'Ulpien, et je le choisis
de préférence parce qu'il montre que la solution est la
même en cas de condamnation divisible. (L. 10, §3 et 4,
D. *de app.* (49. 1), § 3. « Quoties autem plures in unam
« summam condemnantur, utrum una sententia est :
« et quasi plures in unam summam rei sint promittendi,
« ut unus quisque eorum in solidum teneatur : an vero
« scinditur in personas sententia, quæritur ? et Papi-
« nianus respondit scindi sententiam in personas, atque
« ideo eos qui condemnati sint viriles partes debere. —
« § 4. Quod est rescriptum, in communi causa quotiens
« alter appellat, alter non : alterius victoriam ei profi-
« cere qui non provocavit : hoc ita demum probandum
« est si una eademque causa fuit defensionis. Cæterum
« si diversæ, alia causa est : ut in duobus tutoribus
« procedit, si alter tutelam gesserat, alter non attige-
« rat ; et is qui non gesserat, provocavit : iniquum est
« enim, qui idcirco agnoverat sententiam, quoniam
« gessisse se scit, propter appellationem ejus qui non
« gesserat, obtinere. »

Il faut donc tenir pour certain qu'à Rome, à la différence de ce qui passe chez nous, l'appel pouvait être interjeté non-seulement par la partie qui avait figuré au procès, mais par tout intéressé qui se trouvait lésé par le jugement.

§ III. Procédure d'appel.

Avant d'entrer dans les détails, je dois tout d'abord faire remarquer que nous ne trouverons pas pour l'appel, comme pour la procédure ordinaire, différents systèmes. Organisée bien longtemps avant la suppression de l'ancien *ordo judiciorum*, l'institution de l'appel ne fut cependant jamais soumise au régime des formules. L'instance supérieure fut toujours jugée *extra ordinem* ; le magistrat appelé ainsi à prononcer le faisait toujours sans *judex*. On vit donc pendant un long espace de temps ce singulier phénomène, que précisément la partie la plus haute et la plus importante de la juridiction était en dehors de la forme toujours considérée comme base régulière de l'organisation judiciaire. Néanmoins, ce n'est pas là une inconséquence ni l'indice que l'on fît moins de cas de cette base fondamentale, ou que peut-être on fût déjà disposé à l'abandonner. La marche adoptée était, au contraire, en harmonie avec les principes essentiels de l'administration de la justice. En effet, les fonctions du juge peuvent se ramener à deux points principaux : rassembler les matériaux et rédiger le jugement. En première instance, la réunion des matériaux exige beaucoup de temps et de travail: aussi le préteur avait-il besoin pour l'aider dans cette tâche d'un grand nombre de personnes privées auxquelles il dictait le jugement sous une forme hypothétique. Dans les instances supérieures, on se servait des matériaux ainsi préparés, et, quand il était nécessaire de les compléter, ce travail était relativement de peu d'importance, aussi pouvait-on se passer du *judex*. Savigny, VI, § 284.

Le premier acte de la procédure est l'interposition de l'appel. Elle peut avoir lieu de deux manières : ou bien de vive voix, aussitôt après le prononcé de la sentence devant le juge lui-même, et il suffit d'un seul mot : « *appello* » L. 5, § 4, D. *de app.* (49. 4), ou bien par la remise d'un écrit (*libelli appellatorii*) dans l'espace de deux jours, si on appelle dans son propre intérêt ; de trois si c'est dans l'intérêt d'un tiers. L. 1, § 11-15 ; L. 2, D., *quando app.* (49. 4). Ce délai court en règle du jour où le jugement a été rendu. L. 1, § 5-6. D. *quando app.* (49 4) ; toutefois, dans le cas où l'appelant était absent lors de la sentence, ce n'est que du jour où il en a eu connaissance. L. 1, § 15, D. *eod. tit.* Dans les deux cas, on ne compte que les jours utiles, c'est-à-dire ceux où il a été possible à l'appelant de remettre les *libelli* au juge de la sentence duquel il appelle, L. 1, § 7, D. *quando app.* (49. 4). « Is dies servabitur quo primum adeundi « facultas fuerit. » On peut aussi remettre l'acte d'appel au juge supérieur si l'on se trouve au lieu où il siége. L. 1, § 10, D. *quando app.* (49. 4) ; et même dans une hypothèse particulière, Septime-Sévère a reconnu valable un appel que par crainte on avait formé seulement devant un juge inférieur. L. 7, D. *de app.* (49. 1). Ce délai pour la déclaration d'appel était trop court, et, de plus, il s'élevait d'innombrables procès sur la question de savoir si l'appel était interjeté dans l'intérêt de l'appelant ou d'un tiers, et si, parconséquent, on avait deux ou trois jours utiles pour remettre au juge l'acte d'appel. Néanmoins, la règle se retrouve encore dans les Pandectes et dans le Code de Justinien ; mais elle a été abrogée par une de ses Novelles, et cet empereur a accordé à l'appelant pour attaquer le jugement dix jours continus, peu importe dans l'intérêt de qui l'appel soit formé. Nov. 23, C. 1.

Ce délai, comme tous ceux que nous trouverons dans la procédure d'appel, je le remarque une fois pour toutes, devait être observé scrupuleusement, sous peine pour l'appelant d'être présumé renoncer à son droit et de voir le jugement attaqué recouvrer rétroactivement sa force exécutoire. C'était encore là un moyen de restreindre l'emploi de cette voie de recours ; cependant, l'appelant pouvait être relevé de cette déchéance s'il se trouvait dans un des cas ordinaires de la *restitutio in integrum*. L. 8, *in integ. rest.* D. (4. 1). L. 7, § 4, D. *de min.* (4. 4). L. 1. C. J. *si in sæpius integ. rest.*

Les *libelli appellatorii* doivent contenir le nom de l'appelant, celui de l'adversaire et la désignation de jugement dont est appel. L. 1, § 4. D. *de app.* (49. 1). « Li-« belli qui dantur appellatorii ita sunt concipiendi, ut « habeant scriptum, a quo sunt dati, hoc est qui ap-« pellat, et adversus quem, et a qua sententia. » Il n'est pas besoin de viser la partie du jugement qu'on accuse d'injustice. L. 13, *pr.* D. *de app.* (49. 1), et les motifs annoncés dans les *libelli* ne sont pas les seuls que puisse faire valoir l'appelant pour justifier sa prétention. L. 3, § 3. D. *de app.* (49. 1).

On doit naturellement en appeler à un juge compétent. L. 122, § 5. D. *de verb. oblig.* (45. 1) ; cependant on

no considère comme nul que l'appel à un juge inférieur;
toute autre erreur est excusée, et le procès renvoyé à la
juridiction compétente. L. 1, § 3. L. 21, *pr.* D. *de app.*
(49. 1). Enfin on devait communiquer à l'adversaire les
libelli appellatorii ou lui donner connaissance de l'appel
déclaré oralement. *Frag. Vat.* § 167.

D'après une constitution de Valentinien III, L. 48.
C. Th. *de app.* (11. 30), l'appel une fois formé ne pouvait être retiré ; mais Arcadius et Honorius permirent
le désistement dans les trois jours, et Justinien en tout
état de cause. L. 56. C. Th. *de app.* (11. 30). L. 28. C. J.
de app. (7. 62).

L'appel interjeté peut être déclaré admissible ou non
par le juge de première instance; dans les deux cas il
produit un effet suspensif, c'est-à-dire que le jugement
n'a plus dans l'affaire force exécutoire, qu'on ne pourra
plus continuer le procès, s'il s'agit de l'appel d'un interlocutoire. L. 39, *pr.* D. *de min.* (44), ou qu'on devra
attendre pour exécuter le jugement définitif : en un
mot les choses doivent rester jusqu'à la solution du tribunal supérieur dans l'état où elles étaient lors de la
déclaration d'appel. Le Digeste a un petit titre consacré
en entier à cette matière « *Nihil innovari appellatione
interposita* » (49. 7). Si le jugement émane d'un *judex*,
cette circonstance qu'il est attaqué n'est pas une cause
suffisante pour récuser ce *judex* dans un autre procès.

Le principe que l'appel interjeté suspend l'exécution
est toujours resté la règle ; les textes ne font même pas
mention d'exécution provisoire permise par le juge.
On y avait pourtant apporté une exception pour l'interdit *de vi*, lorsqu'on eut permis d'appeler dans ce cas ; et
de plus une constitution de Théodose et d'Arcadius L. *unic.*

C. Th. *de possessione ab eo qui his provocaverit transferenda* (11. 38) nous apprend que le possesseur qui avait succombé pour la seconde fois en appel perdait la possession de l'objet litigieux ; qu'est-ce à dire, sinon que l'appel cessait dans ce cas d'avoir effet suspensif. Cette loi ne figure pas dans le Code de Justinien, et nous avons vu plus haut qu'il la remplaça avantageusement par la défense d'appeler trois fois de la même affaire.

Le juge inférieur ne doit pas refuser de recevoir l'appel, à moins qu'il ne soit manifestement illégal, et encore moins empêcher par des mesures coercitives les parties de se pourvoir. Cod. J. (7, 67), *de his qui per metum judicis non appellârunt*. L'appelant, dont le juge inférieur avait refusé de recevoir l'appel n'encourait pas de déchéance ; il pouvait dénoncer ce refus au juge supérieur dans un délai qui a varié de quatre mois à un an. Le juge inférieur pouvait se justifier dans un rapport et donner les motifs de sa décision. Quand l'appel refusé était accueilli par le magistrat supérieur, il prononçait une amende contre le magistrat inférieur. L'amende tombait au contraire sur la partie quand l'appel était reconnu non recevable. L. 19, 21, 24. C. J. *de app.* (7. 62). On le voit, le plus sûr pour le juge de première instance était d'admettre le recours et de laisser au tribunal d'appel le soin de prononcer s'il devait être reçu. Les empereurs l'engagent à agir ainsi : « Probamus « verecundiam judicantis si superfluam quoque recipiat provocationem ». L. 42. C. Th. *de app.* (11. 30).

Quand l'appel était admis par le magistrat inférieur, l'appelant devait dans les cinq jours solliciter les *apostoli* ou *litteræ dimissoriæ*, c'est-à-dire l'attestation écrite que l'appel avait été formé. L. *unic.* § 1, D. *de libellis*

dimissoriis (49, 6). « Sensus autem litterarum talis est;
« appellasse puta Lucium Titium a sententia illius qui
« inter illos dicta est. » L. 106. D. *de verb. signif.* (50, 16).
« Dimissoriæ autem dictæ quod causa ad eum qui appel-
« latus est, dimittitur. »

Dans les cinq jours qui suivent, l'appelant devait
encore donner caution de payer une somme égale au
tiers de la valeur en litige, dans le cas où l'appel serait
ultérieurement reconnu mal fondé. Cette règle fut
abrogée plus tard, et des constitutions ordonnent au
juge de remettre dans les trente jours les *apostoli* à
l'appelant, sans que celui-ci les lui demande, et d'y
joindre copie des actes produits à l'audience, à peine
d'amende et de tous dommages-intérêts envers la partie
déchue de son droit. L. 6, §6, L. 24. L. 31 C. J. *de
app.* (7, 62). L. 61. L. 67. C. Th. *de app.* (11, 30). Nov.
J. 126. C. 3. La caution n'est plus exigée non plus de
l'appelant.

Les *litteræ dimissoriæ* une fois obtenues, l'appelant devait, dans les premiers temps de l'empire, les porter
lui-même au magistrat supérieur et introduire de cette
manière l'appel devant celui-ci. Constantin voulut que
la déclaration d'appel fût transmise au juge supérieur par
le magistrat inférieur qui devait y joindre son avis
motivé. L. 5, 8, 16. C. Th. *de app.* (11, 30); sous Justinien, l'ancienne règle est remise en vigueur. L'appelant avait, pour faire ces démarches, un délai qui variait
suivant la distance de son domicile au siége du tribunal
supérieur. D'après le Code Théodosien, il était de six
mois en général et de deux mois seulement pour les
magistrats municipaux et les juges délégués. L. 63. C. Th.
de app. (11, 30). Le dernier jour de ce délai (*dies tempo-*

ralis, fatalis, κυρία ἡμέρα), l'affaire doit nécessairement
être portée à l'audience et la discussion commencer.
L'intimé n'a pas besoin de recevoir de citation; il connaît le jour fixé par la loi; il peut comparaître, s'il le
veut. S'il fait défaut, le procès sera continué par le
demandeur en appel seul, sans qu'on soit pour cela
obligé d'employer la procédure de contumace : seulement, en vertu de l'*officium judicis*, le magistrat prendra soin des intérêts de l'absent. L. 81. D. *ad. S. C.
Trebellianum* (36, 1). « Appellatione facta, cum solus
« Phœbus egisset μονομερῶς, id est altera parte absente,
« victus est. »

Ce jour passé, l'appelant a perdu son moyen de droit;
il peut cependant, pour de sérieuses raisons, demander
une *reparatio* ou *redintegratio appellationis ;* pour l'obtenir
il a trois ou quatre mois contre le jugement d'un fonctionnaire impérial, trente jours contre celui d'un juge
pédané. Le temps de la *reparatio* écoulé (*a secundo lapsu*),
on peut encore chercher un secours, mais seulement
devant l'empereur ; et on n'obtient pour aucun motif
une troisième réparation. L'appelant qui se faisait ainsi
relever de la déchéance devait naturellement faire connaître à l'intimé le nouveau jour fatal.

Ce système est développé tout au long dans le Code
Théodosien au titre : *de reparationibus appellationum*
(11. 31) ; mais nous n'en trouvons plus trace au Code
de Justinien. Toutes les constitutions, qui formaient ce
titre, ont été abrogées et remplacées par une novelle
de Théodose II qui forme la loi 2. C. J. *de temp. et repar.
app.* (7. 63), M. Zimmern (*Actions.* p. 514), la résume
ainsi : « Lorsque l'appel est interjeté d'un *vir clarissimus*
ou *spectabilis*, le dernier jour du sixième mois est le

premier où les débats sur l'appel doivent avoir lieu ; si l'appelant ne paraît pas ce jour là, le trente et unième jour suivant est le second jour fatal, le trente et unième jour après celui-ci est le troisième jour fatal, et enfin le trente et unième jour après ce dernier est le quatrième *dies fatalis*. Si l'appelant n'engage pas le débat ce quatrième jour, il peut encore obtenir du prince un nouveau délai pourvu qu'il le demande dans les trois jours. Dans tous les cas, ce nouveau délai ne peut excéder trois mois à partir du dernier *dies fatalis*, de telle sorte que, si le prince n'accorde le délai nouveau que l'avant-dernier jour, de l'expiration des trois mois, il ne faudrait pas moins que l'appelant plaidât le dernier jour, sous peine d'être déchu du bénéfice de son appel. Si l'appel a été interjeté d'un juge délégué dans une province par l'empereur, il y aura quatre *dies fatales* comme ci-dessus ; mais il n'y aura pas de nouveau délai (*reparatio*) ; de sorte que l'appel sera considéré comme abandonné après le quatre-vingt-treizième jour ; si c'est le préfet du prétoire, le *magister officiorum* ou tout autre *illustris* qui a délégué le juge duquel est appel, dans une cité, ou si ce juge a été délégué dans une province par un *spectabilis* ou un *clarissimus*, le premier jour fatal sera le premier du second mois à partir de l'appel déclaré, les trois autres *dies fatales* se compteront comme plus haut, et il ne sera non plus accordé aucune réparation. Si le *dies fatalis* tombe un jour de fête, les débats doivent avoir lieu sur l'appel la veille, et si l'appelant néglige quelques-unes des solennités requises, son appel sera considéré comme non avenu. »

Justinien introduisit à son tour un système nouveau,

dans lequel les délais furent principalement calculés à raison des distances.

Quant aux *dies fatales*, au lieu de quatre jours échelonnés de mois en mois, Justinien n'admit qu'un seul *dies fatalis*; mais en même temps il permit de se présenter devant le juge d'appel, soit dans les quatre jours qui précèdent le *dies fatalis*, soit dans les cinq jours qui suivent; ce qui fait en réalité un espace continu de dix jours placés en bloc à la fin du délai, et à chacun desquels la comparution est également autorisée. L. 5, § 1, C. J. *de temp. et repar. app.* (7, 63). Dans une novelle postérieure (126, c. 2), ce même empereur a décidé que, si l'appelant avait laissé passer le *dies fatalis* et le temps de la réparation sans introduire sa demande, il ne serait pas déchu pour cela; mais l'intimé pourrait seulement faire prononcer la contumace et poursuivre l'instance, ou en d'autres termes, le délai d'introduction a cessé d'être fatal.

Le jour du débat, l'appelant doit comparaître à l'audience, soit en personne, soit seulement par un fondé de pleins pouvoirs : cependant dans les causes capitales ou concernant la liberté, on n'admet pas de représentant. Paul, V, 35, 1. L. 2, C. J. *de proc.* (2, 13).

Le développement de l'affaire commence alors devant le tribunal supérieur; l'appelant y prouve d'abord que la sentence qu'il attaque n'est pas conforme au droit, et, pour l'établir, il peut invoquer même des faits qu'il n'a pas allégués en première instance; car, après tout, il ne s'agit pas de savoir si le magistrat inférieur a bien ou mal jugé d'après les pièces qu'il avait sous les yeux, mais si le jugement est ou non l'expression de la justice et de la vérité. L. 6, § 1. C. J., *de app.* (7, 62). « Cum

« votum gerentibus nobis nihil aliud in judiciis quam
« justitiam locum habere debere. »

Mais si on peut présenter pour la première fois en
appel des moyens nouveaux, il n'a jamais été permis de
former des demandes nouvelles ; il ne devait en effet pas
dépendre de l'un des plaideurs d'enlever à l'autre le
bénéfice de plusieurs degrés de juridiction. L. 4. C. J.
de temp. et rep. app. (7, 63); L. 3, § 3, D. *de app.* (49, 1).

L'adversaire, s'il comparaît, et nous avons vu que ce
n'était pas nécessaire, peut fournir la preuve contraire,
et depuis Justinien seulement, produire devant le juge
d'appel les griefs qu'il peut avoir de son côté contre le
jugement sans former appel incident, comme nous
dirions chez nous. L. 39. C. J. *de app.* (7, 62). M. Bonjean, § 380, enseigne que Justinien le premier a permis
de former un appel incident : cela me paraît une
erreur évidente ; il suffit, pour s'en convaincre, de lire
attentivement le texte de cette loi 39.

Quand l'appel avait été introduit régulièrement et au
jour voulu, il n'y avait pas à l'époque classique de délais
imposés aux parties pour terminer le procès, et trop
souvent il arrivait que la contestation traînait en lon-
gueur : Justinien le premier a décidé que l'instance
d'appel devait être terminée dans l'espace d'un an ou au
plus tard de deux ans. La sanction était d'abord la perte
de son moyen de droit pour l'appelant. L. 5, § 4. C. J.
de temp. app. (7 63); mais plus tard il a trouvé cette
règle trop rigoureuse et a décidé que l'intimé aurait le
droit seulement de faire déclarer la contumace et de
suivre l'audience ; le jugement à intervenir pouvant
être favorable aussi bien à l'appelant qu'à l'appelé
(nov. 49, *prin.* Ch. I).

§ IV. De l'appel à l'empereur.

En commençant l'étude de la procédure, j'ai remarqué que l'appel n'avait jamais été soumis au régime formulaire, qu'il avait toujours été jugé par le magistrat lui-même *extra ordinem* : ceci nous explique comment la procédure d'appel a pu rester la même dans ses parties essentielles après la transformation profonde qui s'est opérée dans la procédure ordinaire sous Dioclétien et ses successeurs. L'observation que je viens de faire n'est vraie toutefois que pour les appels devant les juridictions inférieures ; à dater de Constantin et dans tout le Code Théodosien, nous trouvons pour les appels à l'empereur une forme essentiellement différente; ces appels sont instruits par le magistrat inférieur et envoyés à l'empereur avec un rapport (*consultatio*), d'où leur nom *per consultationem* ou *more consultationis*.

Cette manière de procéder n'était pas tout à fait nouvelle : à propos des causes criminelles, Dioclétien nous parle déjà de *l'opinio* qui devait être dressée par le juge inférieur, communiquée à l'appelant, et envoyée avec les observations de celui-ci (*libelli refutatorii*) au magistrat supérieur qui devait connaître de l'appel. L. 6, § 3, C. J. *de app.* (7, 62). Constantin permit au juge même, en matière civile, de déclarer qu'il voulait consulter l'empereur avant de rendre sa sentence; pour cela le magistrat devait rédiger un mémoire (*relatio, consultatio ante sententiam*), dans les dix jours le communiquer aux parties qui produisaient leurs observations dans les cinq jours et envoyer le tout à l'empereur. L. 1, C. Th. *de app.* 11, 30). C'est précisément l'observation de ces mêmes

formalités que Constantin exigea en cas d'appel interjeté; en d'autres termes, il voulut qu'on appliquât les
mêmes règles, aussi bien lorsqu'on recourt contre la sentence que lorsqu'on se pourvoit avant le jugement.

Cette modification dans la procédure avait un double
motif : d'abord l'empereur cherchait à se retirer davantage de toute participation à l'administration de la justice; et en second lieu on voulait aussi rendre plus
facile aux parties l'accès du tribunal suprême. On avait
déjà établi pour les dispenser de déplacements coûteux,
des tribunaux d'appel impériaux dans chaque diocèse;
mais, pour recourir contre la décision de ces juges, (*judices illustres, spectabiles, vice sacra*), il fallait entreprendre
le pénible et ruineux voyage de la capitale ou y constituer un mandataire avec pleins pouvoirs. L'introduction de l'appel *per consultationem* a eu pour but de permettre aux citoyens de tous les points de cet immense
empire de porter leurs causes jusque devant l'empereur,
centre de toute justice, sans être obligés pour cela de
quitter leurs provinces. La même raison a fait admettre
une règle analogue dans une législation moderne :
en Prusse, l'instruction de l'appel a lieu devant le tribunal inférieur.

La marche de la procédure est la suivante : l'appel est
interjeté comme dans les cas habituels ; le juge rédige
à l'empereur un mémoire (*relatio, opinio, consultatio*),
dans lequel il expose l'affaire ; les parties ont quelques
jours pour prendre connaissance du rapport et produire
leurs observations par écrit (*libelli refutatorii*) : ce sont
pour l'appelant, les fondements de sa prétention, et pour
l'intimé la réfutation de ces assertions; mais Constantin,
qui avait ordonné au juge de prévenir l'appelant d'avoir

à fournir tous ses moyens devant le tribunal placé au-dessous de celui de l'empereur. L. 1. C. Th. *de judiciis*, (2, 18), n'a pas permis d'indiquer dans les *libelli* aucun argument, aucune raison qu'on n'ait fait valoir devant le juge inférieur. L. 11. *de app.* C. Th. (11, 30).

Ce rapport et ces observations, le juge les envoie, avec tous les actes de la procédure, à un bureau de la Chancellerie impériale (*scrinium epistolarum*). Les parties restent dans leurs provinces, et il leur est même défendu de paraître avant un an à la cour de l'empereur pour solliciter l'expédition de leur affaire. L. 34, C. Th. *de app.* (11, 30). La sentence intervient ensuite après une délibération dans l'*auditorium principis*, sous la forme d'un rescrit impérial.

Un second changement fort important aussi dans la matière des appels au prince fut introduit par une loi de Théodose II, dont la date est inconnue, mais qui est certainement postérieure au Code Théodosien. L. 32. C, J. *de app.* (7, 62).

Les appels des *judices spectabiles* ne vont plus à l'empereur, mais à une commission composée du préfet du prétoire d'Orient et du questeur du Sacré-Palais. La procédure redevient la même que dans l'appel ordinaire; il y a des *apostoli*, l'introduction au *dies fatalis*, et la discussion par les parties devant le juge supérieur. L'appel à l'empereur lui-même n'existe plus que contre les décisions de ceux des *judices illustres* qui ne sont pas inappellables et dans ce cas, elle conserve la forme d'une *consultatio,*

Justinien a inséré cette loi dans son Code et en a confirmé les dispositions dans bon nombre de ses propres constitutions. Sous ce prince l'appel des *judices spectabiles* continue à être portée au préfet du prétoire et au questeur du palais et à suivre la procédure ordinaire. L. 5, *pr.* C. J. *de temp. app.* (7, 63) ; Nov. 20. Cette dernière assertion paraît contredite par beaucoup de textes, où il est question pour ce cas de la procédure *per consultationem* ou *more consultationis*, Nov. 24, 31 ; 126, *pr.* et C. I ; L. 38, C. J. *de app.* (7, 62) ; mais l'antinomie n'est qu'apparente, et il est facile de la lever : on appliquait devant le préfet du prétoire et le questeur du Sacré-Palais la procédure habituelle des appels dans toutes ses parties essentielles ; de la procédure *per consultationem* on n'avait gardé que le cérémonial des séances impériales ; les *epistolares* apportaient les pièces ; les parties et les juges revêtaient un costume particulier et devaient employer certaines formules solennelles. L. 32, § 2 ; L. 38, C. J. *de app.* (7, 62) ; L. 3, *pr.* C. J. *ubi senat.* (3, 24).

Les appels des *judices illustres* à l'empereur ont au contraire complètement la forme d'une *consultatio*, bien que, en règle, les causes minimes soient confiées à deux délégués. L. 10, C. J. *quando prov.* (7, 64), Nov. 104 ; et que les causes importantes seules soient traitées dans le conseil privé de l'empereur. L. 37, C. J. *de app.* (7, 62) ; la procédure en quelques points essentiels s'est aussi rapprochée de la procédure ordinaire des appels.

Au lieu des *apostoli* nous trouvons toujours un mémoire du magistrat inférieur qui n'est pas soumis au *dies fatalis introducendæ appellationis.* L. 3, *pr.* C. J. *ubi senat.* (3, 24) ; les moyens indiqués soit pour demander la reformation du jugement, soit pour empêcher cette reformation sont toujours contenus dans les *libelli refutatorii.* Mais c'est aux parties elles-mêmes qu'est laissé le soin de porter ces pièces avec les actes de procédure au bureau impérial, L. 24, C. J., *de app.* (7, 62); elles ont pour introduire la consultation devant le tribunal impérial un délai de un ou deux ans. L. 5, § 2, C. J. *de temp. app.* (7, 63), sans *reparatio temporis* L. 3, C. J. *de temp. app.* (7, 63). On leur permet aussi, comme dans l'appel ordinaire, d'invoquer les moyens qu'elles n'ont pas fait valoir en première instance. L. 4, C. J. *de temp. app.* (7, 63); L. 37, C. J. *de app.* (7, 62). Enfin, dans le Conseil de l'empereur, on lit non-seulement les *libelli refutatorii*, mais des extraits rédigés par les *magistri scriniorum*. L. 39, C. J. *de app.* (7, 62). Les textes ne nous indiquent pas si on permettait aux parties et à leurs avocats de comparaître et de compléter par des développements oraux cette instruction écrite.

§ V. Quels étaient les résultats possibles de l'appel interjeté.

Le juge d'appel, que ce soit l'empereur, son délégué ou tout autre magistrat, examine l'affaire, et la décide d'après les preuves qu'on produit devant lui; mais il doit toujours appliquer la loi en vigueur au moment de la première sentence, quand même, à l'époque où il rend sa décision, une nouvelle loi aurait abrogé et remplacé l'ancienne. La novelle 115, C. 1, qui pose cette règle est absolue; cependant si, comme je le crois, Justinien n'a voulu faire ici que l'application de cette idée: que les lois n'ont pas d'effet rétroactif, il ne faudrait pas prendre le principe trop à la lettre, mais faire de nombreuses distinctions, dans le détail desquelles je ne puis entrer.

L'instruction terminée, le juge prononce sa sentence, et déclare l'appel fondé ou non (*justa vel injusta*). Lorsque le juge d'appel confirme la première sentence, il n'en rend pas moins un nouveau jugement, fondé sur une procédure spéciale, jugement qui ne produit ses effets qu'à partir du jour où il est rendu. Ce n'est pas l'opinion de tout le monde. M. Bonjean (II, § 383), et M. Zimmern (71, 4°) notamment, enseignent que lorsque l'appel est rejeté, le jugement de première instance produit ses effets rétroactivement du jour de sa date. M. Bonjean, pour démontrer cette proposition cite : 1° le titre 7, liv. 49, D. *nihil innovari appellatione interposita*; 2° la loi 23, § 3, D. *de app.* (49, 1) et Paul. Sent. V, 36. J'ai lu tous ces textes avec grand soin, et c'est peut-être faiblesse d'esprit chez moi, mais je n'y ai trouvé aucun passage ayant véritablement rapport à la question. Le titre 7 ne dit pas un mot du sujet qui nous occupe; la loi 23, § 3 me paraît avoir été citée par suite d'une erreur d'imprimerie; M. Bonjean a probablement voulu parler de la loi 21, § 3. Ce texte, comme le fragment de Paul, nous apprend que celui qui détient un immeuble, dont la propriété est disputée en appel, doit dans certains cas déposer les fruits produits, *pendente appellatione*, fruits qui seront attribués à celui qui triomphera en définitive. Est-ce à dire pour cela que le jugement attaqué et confirmé vaudra rétroactivement ? Je ne le crois pas. Ce texte, comme beaucoup d'autres que nous trouvons au Dig. *p. ex* L. 24, D. *de app.* (49, 1), applique seulement ce principe : que les plaideurs ne doivent pas souffrir des délais inévitables de la justice et qu'ils doivent obtenir tout ce qu'ils auraient obtenu si le jugement avait été rendu au moment de la demande. En un mot, tout en admettant avec M. Bethman Hollweg (II, § 101) et Pothier, que le jugement confirma-

toire ne rétroagit pas au jour de la première sentence,
je crois que la partie qui triomphe définitivement, ne
devra pas souffrir du retard occasionné par l'appel, et
que l'adversaire devra être forcé de réparer ce préjudice par des condamnations à des intérêts, à des resti-
tutions de fruits ou à d'autres dommages-intérêts. La
preuve que le jugement confirmatoire ne rétroagit pas,
je la trouve dans un texte que, par une erreur incon-
cevable, M. Zimmern cite pour prouver la rétroactivité.
L. 6, § 1. D. *de his qui not. infamia* (3, 2): «Sed si furti vel
« aliis famosis actionibus quis condemnatus provoca-
« vit, pendente judicio, nondum inter famosos habetur;
« si autem omnia tempora provocationis lapsa sunt,
« retro infamis est; quamvis si injusta appellatio ejus
« visa sit, hodie notari puto, non retro notatur. »

Pour empêcher les plaideurs de mauvaise foi de retarder l'exécution des jugements par des appels abusifs, on a de bonne heure édicté des peines contre l'appelant qui succomberait. Sous Néron déjà, ces peines
existaient pour l'appel à l'empereur; ce prince, pour
augmenter en apparence les prérogatives du Sénat, a
décidé que celui qui serait débouté d'un appel interjeté
devant cette assemblée, encourrait la même punition :
Tacite, *Annales*, XIV, 28. A l'époque classique, ces peines
avaient été étendues aux appels devant tous les tribunaux ; elles consistaient en ce que l'appelant, quand il
succombait, devait payer une amende et rembourser au
quadruple à l'adversaire les frais du procès. Paul.
Sent. V, 33, 37. Ces peines tombèrent en desuétude,
mais Constantin, dans sa haine contre les mauvais plaideurs, en édicta de nouvelles d'une rigueur excessive;
c'étaient pour le riche deux ans de rélégation, et la con-

fiscation de la moitié de sa fortune; pour le pauvre, deux ans de travaux dans les mines. L. 3, § 4, C. Th. *de off. prat.* (1, 5). Justinien y a substitué une peine légère laissée à l'arbitraire du juge. L. 6, § 4, C. J. *de app.* (7, 62). L'appelant qui succombe paie toujours à son adversaire le montant des frais du procès, mais seulement au simple. D'après la novelle 49, C. 1, *pr.*, il en est de même, bien que le jugement ait été réformé en sa faveur, s'il a négligé de suivre jusqu'au bout le procès et que l'intimé ait été obligé de le continuer à sa place.

Lorsque, au contraire, le juge d'appel proclame que le pourvoi est fondé (*justam appellationem pronuntiat*), la nouvelle sentence qu'il rend anéantit le premier jugement avec toutes ses conséquences; p. ex.: si le paiement de la condamnation a eu lieu, il doit être répété. L. 11, D. *de app.* (49, 1).

Que le magistrat supérieur réforme ou confirme le premier jugement, dans les deux cas, l'affaire n'est pas renvoyée au juge inférieur, si ce n'est en cas d'appel contre un jugement d'avant-faire droit. L. 6, *pr.* C. J., *de app.* (7, 62). Au contraire, lorsque le jugement de première instance acquiert l'autorité de la chose jugée par l'expiration des délais d'appel, le juge inférieur connaît de l'exécution. L. 8, C. J. *de app.* (7, 62).

Pour assurer la restitution de l'objet en litige, le Code Théodosien ordonnait, quand le défendeur appelait contre l'exécution d'une sentence, de séquestrer les choses mobilières et les fruits des fonds de terre. L. 25, C. Th. *quorum app.* (11, 36), et au second appel de transporter la possession au demandeur primitif, L. 1, C. Th. *de poss. ab eo qui bis provocavit, transferenda* (11, 38). Justinien a adopté dans son Code la première de ces règles,

L. 5, C. J. *quorum app.* (7, 65) ; quant à la seconde, nous avons vu qu'il l'a remplacée par la défense d'appeler plus de deux fois du même jugement.

Le résultat normal et régulier de l'appel interposé est un jugement du magistrat supérieur ; cependant, dans quelques cas, l'appel prend fin autrement ; nous avons déjà vu la plupart de ces cas ; je ne les rappelle ici que pour mémoire. Ce sont :

1° L'expiration des *dies fatales* sans que le procès soit engagé. Le premier jugement ayant acquis rétroactivement force de chose jugée peut être mis à exécution. L. 6, § 1. D. *de his qui not. infamia* (3, 2). L. 8, C. J. *de app.* (7, 62).

2° Le désistement de l'appelant, défendu par le Code Théodosien, mais permis par Justinien ;

3° Enfin le décès de l'appelant s'il ne laisse pas d'héritier, ou si l'héritier n'a aucun intérêt au procès : dans le cas contraire, l'héritier doit ou acquiescer au premier jugement ou poursuivre l'appel, et pour cela on lui accorde un nouveau délai. *Si pendente appellatione mors intervenerit.* D (49,13). C. Th. (11.35) C. J. (7.66).

Section III.

De la supplicatio.

L'empire romain nous présente le type le plus parfait de la monarchie absolue ; l'empereur y est le centre de tous les pouvoirs exécutif, législatif et judiciaire ; dès lors il ne faut pas s'étonner de voir les sujets tourner les yeux vers le prince dans toutes les occasions difficiles et s'adresser à lui pour obtenir le redressement de tous les torts, la réparation de tous les préjudices.

En matière de procédure, ces *supplicationes, preces imperatori oblatæ*, nous apparaissent dans deux cas différents : 1° avant le commencement du procès ; c'est alors une prière à l'empereur de se charger lui-même de l'instruction et de la décision de l'affaire. L. 92. D. *de hered. inst.* (28. 5), ou de déléguer ce soin à un commissaire extraordinaire. L. 10 C. J. *de judiciis.* (3. 1).

2° Au cours du procès ou après la sentence : dans cette hypothèse les supplications étaient défendues toutes les fois qu'elles avaient pour but d'arrêter le cours régulier de la justice. Cod. Inst. (1. 21) « *ut lite pendente vel post provocationem, aut definitivam sententiam, nulli liceat imperatori supplicare.* Elles n'étaient permises que quand le juge avait procédé illégalement, par ex. en refusant aux parties de leur communiquer les pièces ou le jugement. L. 2. C. J. *ut lite pendente* (1. 21), de recevoir l'appel L. 5, § 1 D *de app. recip.* (49. 5). Si au contraire l'appel n'est plus possible parce qu'on a laissé expirer les délais d'interposition, la supplication ne sera pas admise contre le jugement passé en force de chose jugée. L. 17. C. Th. *de app.* (11. 30.) L. 3. C. J. *ut lite pendente.* (1. 21). Dans ce cas l'empereur n'avait que le droit de restituer, et c'est d'une *restitutio in integrum* qu'il s'agit, toutes les fois que nous voyons un rescrit impérial permettre de renouveler un procès après une décision ayant acquis force de chose jugée. L. 3. C. Th. *de off. præf. præt.* (1. 5).

Considérée comme voie de recours contre les décisions judiciaires, la *supplicatio* paraît avoir été principalement introduite au milieu du IV° siècle contre les jugements des préfets du prétoire. Ces magistrats, depuis Constantin au moins, étaient considérés comme les représentants immédiats de l'empereur, et leurs décisions n'étaient pas susceptibles d'appel : L. *unic*, § 1. D. *de off. præf. præt.* (1. 11). Cette voie de recours ordinaire fut remplacée par la *supplicatio* à l'empereur, qui ne pouvait avoir lieu qu'une seule fois. L. 8. C. J. *de prec. Imp. off.* (1. 19).

La supplique au prince reçut plus tard de nombreuses restrictions : l'empereur Théodose II les fit toutes disparaître et décida en même temps qu'elle ne serait possible que pendant deux ans, à partir de la retraite du préfet qui avait rendu la sentence et l'entrée en fonctions de son successeur (nov. Th. 13). Cette constitution nous donne quelques éclaircissements sur la nature et la sphère d'application de ce moyen de droit, deux points également fort obscurs. Nous pouvons en conclure d'abord que, en règle, la supplique n'était possible qu'après la cessation des fonctions du préfet du prétoire; la raison en est facile à donner; l'empereur confiant la révision de l'affaire au préfet, on ne pouvait attendre un jugement impartial que de son successeur. La remise de l'affaire faite par l'empereur à ce magistrat avait un double but : 1° elle dispensait l'empereur du soin d'instruire et de juger lui-même la cause; 2° elle relevait encore la considération de ces hauts fonctionnaires, représentants de l'empereur, en montrant qu'on regardait leurs décisions comme ne pouvant être réformées que par eux-mêmes. En ce sens, sous Justinien au moins, la *supplicatio* se présente sous forme de *rétractatio*, ἀναψηλάφησις, et à la différence de l'appel ne constitue pas un moyen dévolutif L. 5 § 5 C. J. *de temp. app.* (7. 63).

La règle que la révision des sentences du préfet de

prétoire devait être demandée seulement à son successeur, ne paraît pas avoir été absolue : une constitution décide en effet que, quand l'affaire sera renvoyée devant le préfet du prétoire qui a rendu la sentence attaquée, celui-ci devra, pour la sûreté du réclamant, s'adjoindre le questeur du sacré palais L. 35. C. J. *de app* (7. 62.).

La *supplicatio* présentait avec l'appel diverses ressemblances. Ainsi elle n'était pas admise après trois jugements conformes, L. *unic*. C. J. *ne liceat ter prov.* (7. 70). Une fois introduite, elle devait être instruite et jugée dans les mêmes délais que ce moyen ordinaire. L. 5 § 5. *de temp. app.* (7. 63). Enfin, il était défendu, sous peine d'une amende égale à la moitié de la valeur du litige, de venir tourmenter le prince au sujet des suppliques ou des appels portés devant lui : c'est seulement après une année d'attente qu'il était permis aux plaideurs de supplier l'empereur de rendre sa décision. L. 34. L. 47, C. Th. *de app.* (11. 30).

La *supplicatio* n'étant en général introduite que longtemps après la sentence, il était naturel de ne pas lui accorder l'effet de suspendre l'exécution. Justinien a pourtant, dans la novelle 119. c. 5, modifié la législation sur ce point. Le suppliant peut, s'il le veut, dans les dix jours après le prononcé du jugement, remettre ses *libelli* au préfet ou à ses assesseurs, et ainsi suspendre l'exécution, en ce sens du moins que l'adversaire ne l'obtiendra qu'en donnant caution de remettre les choses dans l'état actuel, si le jugement vient à être réformé. Si le suppliant n'interpose pas son recours de cette manière, il a toujours pour se pourvoir deux ans après la retraite du préfet qui a rendu la décision; mais le jugement sera exécuté sans caution de l'adversaire.

L'obscurité qui existe dans toute cette matière, les contradictions que présentent les textes sur ce sujet, s'expliquent du reste facilement si l'on se rappelle ce que j'ai dit en commençant : la *supplicatio*, à l'origine, n'était qu'une prière adressée à l'empereur, un appel fait à son indulgence; plus tard, quand elle fut devenue une véritable voie de recours, le prince investi de l'omnipotence, put encore, dans les cas qui lui paraissaient justes, recevoir des suppliques en dehors des règles admises, et donner ainsi des solutions qui nous paraissent inconciliables.

APPENDICE.

J'aurais voulu rechercher ce que devinrent dans notre pays, après la chute de l'empire romain, les diverses voies de recours que je viens d'étudier; mais ce sujet eût demandé de longs développements et pu fournir la matière d'une thèse entière. J'y ai donc renoncé et je ne veux ici qu'esquisser bien brièvement l'historique de l'appel. Je ne parlerai pas de la nullité du jugement ni de la *restitutio in integrum;* la nullité du jugement s'est transformée en pourvoi devant la Cour de cassation; la restitution en entier est devenue la requête civile; et l'histoire de ces deux institutions dans notre ancien droit trouvera sa place toute naturelle dans l'introduction à ma thèse française. Je ne dirai rien non plus de la *supplicatio :* ce moyen de recours, tout à fait extraordinaire, ne s'expliquait que par l'omnipotence absolue des empereurs romains, et il a dû disparaître aussitôt après la chute de Rome sous les coups des barbares.

Dans les premiers temps de la conquête de la Gaule, la justice était rendue, comme en Germanie, par l'assemblée du peuple tout entier; dès lors on ne pouvait concevoir de recours à un tribunal supérieur; les décisions de l'assemblée étaient souveraines. Cette organisation pouvait convenir à une tribu, mais ne pouvait subsister dans un vaste royaume comme celui des princes francs : la justice, comme toutes les branches de l'administration, passa entre les mains des centeniers et des comtes. Ces officiers royaux ne rendaient pas seuls les jugements; en souvenir de l'ancien ordre de choses, le tribunal était composé de notables (rachim-bourgs ou échevins); le comte ou le centenier n'en avait que la présidence.

Les décisions rendues par ces tribunaux avaient-elles force souveraine, ou pouvait-on en demander la réformation? Nous ne serons point embarrassé pour trouver un tribunal supérieur : la cour du seigneur a une mission de contrôle sur tous les tribunaux de son ressort, et au-dessus de toutes les cours se dresse la cour du roi *souverain fieffeux du royaume.* Dans bien des cas cependant, on ne pouvait attaquer devant aucune juridiction les décisions rendues par les tribunaux inférieurs. Cela tenait à la procédure employée pour découvrir la vérité : quand le combat judiciaire, que l'Église avait appelé le jugement de Dieu, avait décidé de quel côté était le droit, il ne pouvait plus être question de revenir sur ce point, la sentence était irrévocable.

Quand on ne s'était pas battu devant le premier degré de juridiction, on pouvait se pourvoir soit devant la cour du seigneur, soit devant celle du roi. Mais à une époque aussi barbare que l'époque franque et féodale, à une époque où la force jouait un si grand rôle dans le droit, il ne faut pas s'attendre à trouver des voies de recours bien rationnelles. Sans doute les textes nous mentionnent bien encore l'appel; mais ce n'est plus l'institution que nous avons appris à connaître dans le droit romain. « Une nation guerrière, uniquement gouvernée par le point d'honneur, ne connaissait pas cette forme de procéder; et suivant toujours le même esprit, elle prenait contre les juges les voies qu'elle aurait pu prendre contre les parties.

« L'appel, chez cette nation, était un défi à un combat par les armes qui devait se terminer par le sang, et non pas cette invitation à une querelle de plume qu'on ne connut qu'après. » Montesquieu, *L'esprit des lois*, liv. 28 et 27.

Aussi cette voie de recours si périlleuse n'était-elle pas permise toutes les fois qu'on reprochait au juge un simple mal jugé; il fallait qu'on l'accusât ou de déni de justice, ou d'avoir *méchamment et déloyalment jugé*. De là vinrent les deux expressions usitées à l'époque féodale : *appel de défaute de droit*, et *appel de faux jugement*.

Même aux plus beaux temps de la féodalité, l'appel ne finissait pas toujours par un combat; il appartenait au tribunal suzerain de voir s'il fallait ou non ôter les gages de la bataille.

Si ce tribunal défendait le combat, l'appel devenait une sorte de prise à partie contre le juge : la cour du seigneur ou du roi frappait d'une amende considérable l'appelant s'il succombait, le juge si la sentence était réformée. V. Montesquieu, *Esprit des lois*, liv. 28, ch. 27 et suiv.

Ces pratiques barbares durèrent aussi longtemps que la féodalité. L'appel, tel qu'il est établi par les lois romaines, n'avait cependant pas disparu complètement ; il s'était conservé devant la juridiction ecclésiastique, qui avait attiré à elle un grand nombre de causes. Saint Louis commença à le remettre en vigueur devant les tribunaux séculiers ; en abolissant le duel judiciaire dans ses domaines, il y rétablit l'usage de l'appel au sens romain du mot. Mais la restauration du droit romain au xiii⁰ et au xiv⁰ siècle contribua plus que toutes les ordonnances de nos rois à faire disparaître de nos mœurs cette procédure sauvage. Sous l'influence des idées romaines, nos légistes établirent en principe que l'appel ne pourrait plus être qu'un recours devant un tribunal supérieur, pour faire réformer le jugement d'un autre tribunal. Depuis Philippe de Valois, les juges ne furent plus responsables de leurs sentences ; ils ne furent plus exposés à une amende en cas de réformation du jugement, et le soin de défendre, devant le tribunal d'appel, la décision de première instance fut abandonné au plaideur qui avait obtenu gain de cause.

Dès lors l'appel ne fut plus réduit aux cas de faux jugement et de défaute de droit ; on put attaquer par cette voie tous les jugements des tribunaux inférieurs, en prétendant seulement qu'ils ne renfermaient pas l'expression exacte de la vérité, quand bien même l'erreur du juge eût été involontaire. Donc, quant à l'admissibilité de l'appel, le principe était redevenu, dès cette époque, le même que dans la législation romaine.

Quels étaient dans notre ancienne monarchie les différents degrés de juridiction?

Je ne parlerai ici que de la justice royale et ordinaire. La justice était rendue en première instance par le prévôt ; l'appel allait au bailli, et enfin du bailli au Parlement, dont les décisions étaient en dernier ressort. Si on ajoute que les prévôts étaient juges d'appel des justices seigneuriales, on peut se faire une idée des inconvénients énormes créés par cette multiplicité de juridictions. Des causes d'un intérêt modique étaient souvent appelées à passer par trois ou quatre jugements avant d'être souverainement et définitivement décidées. De plus, les cours souveraines étaient surchargées d'affaires. On chercha à remédier à ces vices : beaucoup de causes privilégiées furent dispensées des premiers degrés de juridiction ; les frais sans doute étaient diminués ; mais la besogne des Parlements était encore augmentée ; sans compter que les priviléges produisent rarement de bons effets dans une législation. On recourut enfin à une mesure beaucoup plus radicale et qui atteignit directement, mais d'une façon incomplète, le but qu'on se proposait : la plupart des baillages furent successivement érigés en présidiaux auxquels on attribua le droit de juger en dernier ressort jusqu'à concurrence de 250 livres en capital, ou 10 livres en revenu, chiffres qui furent d'ailleurs plus tard augmentés.

Cette organisation subsista, malgré tous ses vices, jusqu'à la fin de notre ancienne monarchie. En 1790, quand l'Assemblée constituante posa les principes d'un nouveau système judiciaire, la question de savoir si on admettrait ou non l'appel fut solennellement débattue. Les adversaires de cette institution disaient, comme

Ulpien, L. 1, D. *de app.* (49, 1), que la décision du juge
d'appel peut être injuste aussi bien que celle du juge
de première instance ; et beaucoup de personnes étaient
effrayées à l'idée de reconstituer des cours souveraines
qui pourraient prendre, comme les Parlements, un si
grand rôle dans la politique. Les partisans de l'appel
l'emportèrent cependant ; mais le principe une fois
admis, il fallut réglementer la matière. On fut assez
d'accord pour convenir qu'il ne pourrait jamais y avoir
plus de deux degrés de juridiction ; quand il s'agit, au
contraire, d'organiser des tribunaux d'appel, la division
recommença, et le spectre sans cesse évoqué des anciens
Parlements fit admettre sur ce point un système bizarre :
on ne créa pas de tribunaux supérieurs ; l'appel contre
la décision d'un tribunal de district était porté à un
autre tribunal de district. Cet appel, établi sans hiérarchie judiciaire, se retrouve encore dans la constitution du
5 fructidor an III. Ce fut seulement la loi du 27 ventôse
an VIII qui, en reconstituant l'ordre judiciaire tel qu'il
existe encore aujourd'hui, plaça au-dessus des tribunaux
d'arrondissement des tribunaux d'appel devenus cours
d'appel, depuis le SC. du 28 floréal an XII.

Qu'on me permette, en terminant cette thèse, de comparer les voies de recours qui existent aujourd'hui en
France avec celles du droit romain. Le Code de procédure civile en reconnaît six : l'appel, l'opposition, la
tierce opposition, la requête civile, la prise à partie et
le pourvoi en cassation.

Si l'on n'examine que les noms, l'appel est le seul
moyen d'attaquer un jugement qui soit commun au
droit français et au droit romain ; mais si l'on va au
fond des choses, il est facile de se convaincre que la

différence entre les deux législations est bien moins
grande qu'elle ne le paraît au premier abord. Les tiers
qui peuvent en France faire tierce opposition, avaient
à Rome le droit d'en appeler; le plaideur qui forme
chez nous une requête civile, aurait pu se faire restituer par le préteur. La prise à partie existait à Rome;
je n'en ai pas parlé par la raison que le jugement dans
ce cas restait parfaitement valable et obligatoire; la
partie lésée avait seulement pour se faire indemniser
l'action *repetundarum* si elle accusait le magistrat de
concussion ou une action *in factum* contre le juge *qui
litem suam fecit.* Pour le pourvoi en cassation, nous
avons vu qu'il était remplacé par le droit d'invoquer
devant tout tribunal la nullité du jugement. Donc, en
résumé, parmi toutes les voies de recours actuellement
en usage chez nous, une seule était inconnue au droit
romain : l'opposition. J'ajoute de suite que ce n'est pas
là un moyen général d'attaquer un jugement; elle n'est
possible que contre les décisions par défaut; les Romains
n'avaient pas, comme nous, donné à ces décisions moins
de force qu'aux sentences contradictoires; dès lors il
ne pouvait y avoir aucun moyen particulier de les attaquer. Mais, à part cette légère exception, toutes les voies
de recours que nous avons aujourd'hui avaient à Rome
leur équivalent. J'avais donc raison de dire, en commençant ce travail, que les législateurs modernes s'é-
taient bornés le plus souvent à reproduire ou à développer des institutions qui se trouvaient déjà, au moins
en germe, dans les monuments du droit romain.

ÉTUDE

SUR LE

POURVOI DEVANT LA COUR DE CASSATION

EN MATIÈRE CIVILE

PRÉFACE.

L'autorité qui s'attache aux décisions judiciaires et permet de les faire exécuter au besoin par la force publique, repose sur la présomption que les juges se sont conformés à la loi dans l'instruction et dans la solution du procès : si donc il est établi que, dans un cas particulier, la présomption est fausse, que le juge a violé la loi, le jugement doit être considéré comme non avenu et ne produire aucun effet. C'est là un principe vrai chez tous les peuples et à toutes les époques ; mais la manière de l'appliquer a varié dans les diverses législations. Nous avons vu qu'à Rome, quand un jugement était contraire à la loi, il était nul, et qu'il suffisait pour le faire tomber d'invoquer cette nullité devant le tribunal connaissant de l'exécution.

Nos lois françaises, reproduites par plusieurs nations

européennes, ont adopté sur ce point un système tout différent. Elles n'ont pas voulu qu'on pût longtemps après le procès venir contester la validité de la sentence, alors que les preuves pour l'établir seraient dispersées; en conséquence, elles ont posé ce principe tout à fait nouveau : qu'une décision émanée d'un juge, fût-elle en opposition avec les dispositions les plus expresses de la loi, sera tout aussi valable que le jugement le plus régulier, si, dans certains délais très-courts, cette décision n'est déférée à un tribunal de cassation et annulée par lui.

Ce nouveau principe était d'autant plus nécessaire que le système romain n'aurait pu être admis dans notre organisation actuelle sans de graves inconvénients; en laissant à chaque tribunal le soin de prononcer sur la validité des jugements qui lui seraient soumis, on aurait compromis une des plus précieuses conquêtes de la révolution de 1789 : l'unité de législation.

L'Assemblée constituante, après avoir voté la confection d'un Code de lois civiles et criminelles uniformes, pour toute la France, avait bien compris qu'il ne suffisait pas de proclamer le principe, qu'elle devait encore en assurer l'application, en empêchant les juges d'interpréter de mille façons différentes la volonté du législateur. Elle laissa donc à de nombreux tribunaux le soin de décider si tel fait existe ou n'existe pas; en supposant en effet que le jugement ne fût pas conforme à la vérité, l'intérêt individuel seul en souffrait, et il n'y avait aucun danger pour l'unité de jurisprudence; quant au point de droit, au contraire, le sens de la loi devait nécessairement être fixé d'une manière identique pour toute la France, sous peine de voir renaître autant de coutumes locales que de tribunaux souverains en cette matière. Aussi, pour ne pas laisser son œuvre imparfaite, l'Assemblée constituante créa, par décrets des 12-24 août 1790 et 27 novembre-1er décembre de la même année, un tribunal de cassation unique et sédentaire, établi près du Corps législatif comme pour montrer qu'il en était l'auxiliaire indispensable, et elle lui donna pour mission de constituer le centre du pouvoir judiciaire, de faire respecter la loi par les tribunaux et de maintenir l'unité vraie de législation en prévenant la diversité de jurisprudence.

Toutefois, il faut rester juste envers le passé : si le nom de la Cour de cassation ne date que de 1790, l'honneur de cette institution n'appartient cependant pas à cette époque si féconde en grandes et utiles créations ; l'ancien régime avait connu ce tribunal suprême ; une fraction du Conseil du roi, le Conseil des parties, avait déjà eu pour attribution principale de régler l'ordre des juridictions et de maintenir l'application des lois, coutumes et ordonnances dans toute l'étendue du royaume.

Ainsi l'historique de la Cour de cassation nous conduit à rechercher les origines du Conseil des parties.

INTRODUCTION.

Section I.

Historique.

L'histoire est l'œil du droit.
M. Giraud.

L'idée de recours au souverain contre les décisions judiciaires qui violent le droit ou les lois, est aussi ancienne en France que la monarchie. On en trouve le germe et la trace dès 560 dans une constitution de Clotaire Ier et sous la deuxième race dans les capitulaires de Charlemagne et de Charles le Chauve. Mais il faut arriver jusqu'aux établissements de Saint Louis pour rouver quelque chose de précis et de certain (liv. 1er, ch. 78 et 80; liv. 11, ch. 15).

La justice était alors rendue en dernier ressort par *les cours le roi*, c'est-à-dire établies dans les domaines de la couronne, et cependant il restait encore aux plaideurs contre leurs décisions une dernière ressource, celle de demander dans une supplique le redressement des erreurs renfermées dans le jugement. Cette supplique était adressée tantôt au roi, tantôt au tribunal lui-même. M. Henrion de Pansey (Autorité judiciaire, ch. 31, sect. 2) enseigne que l'amendement de la sentence était demandé au roi, toutes les fois qu'on alléguait une erreur de droit; au tribunal, si on n'invoquait qu'une erreur de fait : suivant ce jurisconsulte, nous trouverions dès cette époque la distinction encore existante aujourd'hui entre la requête civile et le pourvoi en cassation. Cette opinion, malgré l'imposante autorité de ce magistrat, ne me paraît pas fondée. Il eût été assez difficile au xiii° siècle de dire en quoi consistait une erreur de droit; les coutumes n'étant point rédigées par écrit se constataient par témoins, et leur violation ne pouvait constituer, comme nous disons aujourd'hui, une ouverture de cassation; le droit romain n'avait pas encore force obligatoire, et les ordonnances de nos rois étaient en bien petit nombre. Du reste, tous nos anciens auteurs sont d'accord pour dire que, jusque vers la fin du xvi° siècle, l'erreur de droit ne pouvait être invoquée pour attaquer un jugement. Voy. Jousse, Comment de l'ord. de 1667, art. 42, tit. 35. — Charondas le Caron sur le livre xxvii, ch. 3 du Grand Coutumier; consulter aussi le Formulaire du Parlement de Normandie, rapporté dans Dalloz, Rep. v° cassation, p. 4.

Le recours contre les décisions en dernier ressort, tel qu'il nous est révélé par les établissements de St Louis, ne tarda pas à être modifié. Philippe le Bel, par sa fameuse ordonnance du 23 mars 1302, pour mieux assurer l'administration de la justice, partagea l'ancienne Cour des rois de France en deux corps distincts : le Parlement qui resta sédentaire à Paris, et le Conseil du roi qui devait toujours accompagner le prince. Les Cours du roi perdirent le droit de juger en dernier ressort; l'appel de leurs sentences était porté devant le Parlement qui devint ainsi *la seule justice capitale et souveraine du royaume.* Mais le roi prévoyait bien déjà que ce tribunal suprême, malgré tout le soin avec lequel il était composé, pourrait se tromper comme les autres, et il ne voulait pas renoncer à tout contrôle sur ses décisions; aussi, il édictait dans l'art. 12 de cette même ordonnance que « s'il y a erreur ou ambiguité, il en sera référé au roi ou au parlement lui-même en vertu d'une permission spéciale du roi », et pour montrer tout le respect qu'on avait pour l'autorité de la chose jugée, cette permission de rouvrir les débats se nommait « *lettre de grâce de dire contre arrêt.* » L'ordonnance ne disait pas dans quels cas la cause serait renvoyée au roi, dans quels cas elle serait soumise au Parlement ; mais, en pratique, dans les premiers temps, du moins, la question ne fit pas naître de difficultés ; l'affaire était, dans tous les cas, tranchée par le Parlement sous la présidence du roi. Plus tard, les maîtres des requêtes du Conseil, profitant de la latitude que leur laissaient les termes de l'ordonnance, commencèrent à renvoyer au Conseil les affaires les plus importantes. C'était reconnaître au Conseil le droit de réviser les décisions du Parlement. Le Parlement ne voulut jamais reconnaître d'autorité supérieure, sauf dans certains cas spéciaux, et il engagea contre le Conseil une lutte qui dura aussi longtemps que l'ancien régime.

En 1320, Philippe le Long, sur les vives réclamations du Parlement, ordonna que les lettres de grâce de dire contre arrêt fussent renvoyées aux Cours qui auront rendu les jugements.

Quelque temps après, et sans qu'on puisse en deviner le motif, ces lettres perdent leur nom et se présentent comme « *lettres de proposition d'erreur.* » A la faveur de cette nouvelle dénomination, l'abus se reproduit. Philippe de Valois en 1344 enjoignit aux maîtres des requêtes de laisser au Parlement le jugement de toutes les propositions d'erreur ; mais pour éviter des pourvois abusifs, il posa trois règles encore en pleine vigueur aujourd'hui : 1° la cause n'était portée au Parlement que si la proposition d'erreur était admise par les maîtres des requêtes de l'hôtel ; 2° la proposition d'erreur ne suspendait pas l'exécution de la sentence ; 3° si celui qui avait intenté un pourvoi, succombait, il était condamné à une amende envers le fisc, et à des dommages-intérêts envers l'adversaire.

Cette sage ordonnance fut à peu près observée durant tout le règne de Charles V ; mais au milieu des troubles et de l'anarchie qui désolèrent la France sous Charles VI, il n'était pas possible que les bases de l'organisation judiciaire ne fussent entièrement méconnues. Le Conseil du roi, devenu un instrument de domination entre les mains de la faction qui l'emportait, ne se contentait pas de casser arbitrairement les arrêts souverains, il abusait encore, sans aucun motif, d'une autre prérogative qui lui appartenait également, mais dont je n'ai pas à m'occuper : le droit d'évoquer les affaires. Je laisse sur ce point parler Pasquier (Recherches, liv II, ch. 6) : « Toutefois pour entendre ceci, il faut savoir que le grand Conseil du roi, du commencement, n'était fondé en juridiction contentieuse : car telles matières étaient réservées pour la connaissance de la cour de Parlement, ainsi seulement connaissait de la police générale de la France, concernant ou le fait des guerres ou l'institution des édits dont la vérification appartenait au Parlement. Et dura longuement tel ordre, c'est-à-dire jusque sur le commencement des factions qui intervinrent entre les maisons de Bourgogne et d'Orléans, auquel temps tout, ainsi que toutes les choses de France se trouvèrent étrangement brouillées et en grand désarroi ; aussi ceux qui avaient la force et puissance par devers eux, pour gouverner toutes choses à leur appétit, faisaient évoquer les négoces qu'il leur plaisait par devers le Conseil du roi qui était composé de Bourguignons ou d'Orléanois, selon que les uns ou les autres des deux factions avaient le crédit en la cour du roi Charles VI, qui lors était mal disposé de son bon sens, et par cette voie funeste frustraient ceux de la Cour de Parlement des causes qui leur étaient affectées..... Et à peu dire toutes et quantes fois que les seigneurs qui gouvernaient avaient envie d'égarer quelques matières en faveur des uns ou des autres, il en usaient en cette manière. »

Charles VII, non content d'avoir remis en vigueur les anciennes ordonnances, déclara (ord. de 1453, art. 67,) comme ses prédécesseurs l'avaient déjà fait du reste, que tous les baillis et tous les justiciers de ses états ne devaient avoir aucun égard ni obéir aux *lettres dilatoires ou évocatoires souventes fois inciviles et déraisonnables qui lui seraient arrachées par importunité des réquérants ou autrement.* Mais ces belles paroles, insérées dans tous les édits, ne furent, le plus souvent, que des clauses banales et les faits y répondirent bien rarement.

Deux innovations qui s'accomplirent vers cette époque, vinrent nécessiter l'intervention du Conseil du roi dans l'administration de la justice et habituèrent les juges ordinaires à voir leurs sentences cassées par ce Conseil pour violation de la loi. Ce furent l'établissement de Parlements dans les diverses provinces, et l'usage des lettres d'Etat.

Le Parlement de Paris, issu du Conseil du roi, fut longtemps la seule justice souveraine et capitale du royaume ; mais l'annexion successive des grands fiefs ayant beaucoup étendu les domaines de la couronne, il ne fut plus possible d'obliger les plaideurs à venir chercher justice jusqu'à Paris; en conséquence on envoya d'abord des commissaires délégués par le Parlement de Paris tenir des assises dans les chefs-lieux des anciennes Cours seigneuriales; puis les sessions devinrent permanentes, et ainsi se fondèrent peu à peu tous les Parlements que nous trouvons en 1789.

Toutes ces cours souveraines étaient égales entre elles et se prétendaient égales au Parlement de Paris. Dès lors, lorsque deux arrêts contradictoires intervenaient sur la même affaire dans deux Parlements différents, aucun des {deux ne pouvant réformer la sentence de l'autre, il fallut s'en référer au seul supérieur qui existât, c'est-à-dire au Conseil du roi pour obtenir la cassation de l'arrêt qui violait la chose jugée.

Les lettres d'Etat étaient des ordres adressés aux Cours de justice de suspendre le jugement des affaires relatives à des personnes absentes pour le service du roi; c'était un motif d'équité qui avait introduit l'usage de ces lettres; mais bientôt, délivrées pour les motifs les plus futiles, elles n'apportèrent que du trouble dans le cours régulier et normal de la justice. Les Parlements, ne voulant pas laisser les procès s'éterniser, jugeaient malgré les lettres d'Etat, et le Conseil cassait invariablement leurs arrêts comme contraires aux ordres formels du roi.

Vers la fin du xive siècle, les rois de France cessèrent de concourir avec le Parlement au jugement des propositions d'erreur; la scission entre ce corps et le Conseil s'accentua encore davantage. Au xve siècle on commença à distinguer parmi les erreurs de fait, celles qui inculpent le juge, et celles qui procèdent du chef des parties ou de leurs défenseurs : contre les premières on continua à employer la proposition d'erreur ; pour les secondes, au contraire, on dut en demander la réformation dans des lettres en forme de requête civile, ainsi nommées parce qu'elles ne devaient renfermer aucun propos blessant pour le juge. Mais comme il est rare que les plaideurs n'accusent pas en même temps les arrêts des deux espèces d'erreur, la distinction resta encore longtemps théorique, et en pratique la dénomination de proposition d'erreur fut seule employée pour désigner le recours fondé sur l'erreur attribuée soit aux juges, soit aux parties.

Du reste, pour assurer plus de stabilité aux jugements et pour qu'on ne pût pas enlever facilement aux plaideurs le bénéfice d'une décision qui leur était favorable, les propositions d'erreur n'étaient admises que sous de nombreuses conditions, p. ex. : les maîtres des requêtes, avant de renvoyer la cause au Parlement, devaient examiner si l'erreur alléguée existait bien réellement (art. 133 de l'ord. de 1839) ; la proposition d'erreur n'était reçue qu'après la consignation de 240 livres parisis dans les cours souveraines (art. 136 même ord.) et seulement pendant un an à partir de la date de l'arrêt.

Ces sages restrictions de la faculté d'attaquer des décisions en dernier ressort ne furent pas longtemps sans être éludées ; on ne viola pas ouvertement les ordonnances ; mais on échappa à leurs prohibitions en inventant les « *lettres pour être reçu d'alléguer, nullités, griefs et contrariétés.* » On entendait par nullités les vices de procédure, par griefs le mal jugé, et par contrariétés l'opposition qui existait entre les diverses parties de l'arrêt ou entre deux arrêts. Ces nouvelles lettres renfermaient donc tous les moyens par lesquels on pouvait attaquer un jugement ; elles n'étaient soumises à aucune formalité, et l'affaire était renvoyée non pas au Parlement dont l'arrêt était attaqué, mais à cette fraction du Conseil du roi qu'on nommait le grand Conseil.

Ce grand Conseil avait été détaché du Conseil du roi proprement dit par lettres patentes de Charles VIII datées de 1497 et de 1498, de la même manière que le Conseil lui-même avait été séparé du Parlement en 1302. Son rôle principal fut de juger les affaires que le Conseil du roi avait évoquées et qu'il n'avait pas trouvé bon de retenir par devers lui ou de renvoyer à une juridiction de son choix. Il avait reçu une organisation tout à fait semblable à celle des Parlements, et semblait faire double emploi avec eux. Il est facile de comprendre la haine des cours souveraines contre cette institution ; elles n'avaient jamais reconnu bien positivement au Conseil du roi, le droit de contrôler leurs arrêts ; à bien plus forte raison, s'élevèrent-elles contre cette évocation permanente, contre ce grand Conseil qui leur dérobait des causes de leur ressort ! Cet esprit d'hostilité entre ces deux grands corps judiciaires dura autant que l'ancien régime, et le gouvernement eut intérêt à l'entretenir : en effet, libre d'évoquer les procès ou de ne pas les évoquer, il portait l'affaire devant le grand Conseil, ou la laissait aller au Parlement, suivant qu'il attendait une décision favorable de l'esprit de l'un ou de l'autre de ces tribunaux.

Les lettres pour être reçu à alléguer nullités, griefs et contrariétés, auraient ramené l'anarchie dans notre organisation judiciaire, si deux grands ministres, Ollivier et l'Hôpital, *« gens suffisants et de vertu non commune »,*

(Montaigne) ne fussent venus réprimer les abus et en empêcher le renouvellement. Ollivier par l'édit de 1545 abolit les lettres de nullités et ne laissa subsister que la proposition d'erreur, devant être portée à la Cour qui avait rendu l'arrêt. Le Parlement ressaisit ainsi le droit de statuer sur toutes les erreurs de fait invoquées contre ses décisions, car on n'a pas oublié que proposition d'erreur était une dénomination générale renfermant même la requête civile. L'Hopital confirma cet édit dans les deux grandes ordonnances d'Orléans et de Moulins, art. 38, Orléans : « Les prétendues nullités et contrariétés des arrêts de nos Cours souveraines seront jugées où les arrêts auront été donnés suivant les édits sur ce faits ». Art. 61, Moulins : « Les lettres en forme de requête civile seront renvoyées en la Chambre où le procès aura été jugé.

Ce système présentait encore deux inconvénients : 1° on avait appliqué dans la pratique aux proprositions d'erreur ce que l'art. 61 de Moulins disait de la requête civile : on renvoyait l'affaire devant la même chambre ; c'était souvent obliger les juges à s'entendre dire qu'ils s'étaient trompés. Aussi l'édit interprétatif de Moulins décida que toutes les fois que la partie se plaindrait du fait ou de la faute des juges, l'affaire serait toujours bien renvoyée au même tribunal ; mais devant une autre chambre ;

2° Le second inconvénient résultait de la disposition de l'article 38 de l'ordonnance d'Orléans. Il était juste sans doute de renvoyer au Parlement l'affaire qui y avait reçu deux solutions contradictoires, mais si les arrêts contraires émanaient de deux Cours souveraines différentes, le renvoi à l'une de ces cours ne

servait à rien, puisqu'elle ne pouvait réformer les décisions de l'autre : en conséquence on attribua au grand
Conseil le soin de trancher ces sortes de questions.

L'ordonnance de Blois, dans ses art. 92 et 208, vint
déterminer avec une précision inconnue jusqu'alors les
voies de « cours contre les jugements rendus en dernier
ressort ; l'édit du 15 janvier 1597 reproduisit ces dispositions en les complétant : « Déclarons que les arrêts de
nos Cours souveraines ne pourront être *cassés* ni *rétractés*
que par les voies de droit qui sont la requête civile et la
proposition d'erreur et *par la forme prescrite par nos ordonnances*. — Voulons que les ordonnances faites tant
par nous que par les rois nos prédécesseurs soient invio-
lablement gardées.... Déclarons les jugements, sentences
et arrêts donnés contre la forme et la teneur d'icelles
nuls et de nul effet et valeur. » M. Hennion de Pansey
(aut. jud. ch. 31, sect. 8.) a très-bien démontré que ces
mots : « et par les formes prescrites par nos ordonnances » faisaient évidemment allusion au recours en
cassation : «on aurait pu, dit-il, s'exprimer plus clairement ; mais il n'est pas possible de s'y méprendre, ces
mots nous ramènent aux erreurs de droit ; on ne peut
en effet leur donner un sens déterminé qu'en les appliquant à ces sortes d'erreurs, puisque la requête civile
et la proposition d'erreur avaient pour objet toutes celles
de fait, quelles qu'en fussent la nature et la cause. »

Les choses restèrent dans cet état pendant près d'un
siècle, jusqu'à l'ordonnance de 1667. Les recours en
cassation qui s'étaient multipliés durant cette période,
avaient seulement nécessité de nouveaux règlements
pour la procédure du Conseil. Les auteurs de la grande
ordonnance de 1667 remarquèrent avec raison que la

sentence qui prononçait sur la proposition d'erreur proprement dite, c.-à-d. attribuée au juge, ne présentait pas pour les plaideurs plus de garantie que la première décision, et de plus ce moyen extraordinaire dégradait la magistrature en laissant planer sur elle un soupçon de partialité ou d'ignorance : en conséquence ils abrogèrent la proposition d'erreur. « Ne seront les arrêts et jugements en dernier ressort retractés sous prétexte de mal jugé au fond. » Quant aux erreurs de fait provenant du dol des parties ou de la négligence des officiers ministériels qu'elles employaient, l'ordonnance les laissa subsister comme moyens d'attaquer un arrêt, mais en prenant la sage précaution d'énumérer limitativement les griefs qui permettaient la requête civile. La contravention aux lois du royaume ne figurait pas parmi ces ouvertures à requête civile ; est-ce à dire qu'il n'y avait pas moyen d'attaquer les jugements en dernier ressort pour ce motif ? Non, seulement dans ce cas le procès ne sera plus porté au Parlement qui a rendu la décision, mais au Conseil du roi ; il n'y aura pas lieu à rétractation, ce sera une cassation. L'ordonnance le déclare expressément : « Déclarons tous jugements et arrêts qui seront donnés contre la disposition de nos ordonnances nuls et de nul effet et valeur, et les juges qui les auront rendus responsables des dommages-intérêts des parties, ainsi qu'il sera par nous avisé. » Les Parlements, habitués à plier sous Louis XIV, n'élevèrent pas une réclamation contre ce droit accordé au Conseil de casser leurs sentences ; ils se bornèrent à demander qu'on retranchât de l'ordonnance les peines édictées contre les juges qui auraient violé la loi.

L'organisation et les attributions du Conseil du roi ne

reçurent plus de grandes modifications jusqu'en 1789. En 1738, le chancelier d'Aguesseau résuma l'ensemble des règles relatives à la procédure devant le Conseil dans son grand règlement du 28 juillet; je n'ai pas à en parler ici, puisqu'il est encore en vigueur aujourd'hui, et j'arrive tout de suite à la composition du Conseil du roi à l'époque où éclata la Révolution française.

Je dois cependant encore signaler un côté de la question, le plus intéressant sans doute, que j'ai laissé de côté pour ne pas sortir des bornes de cette thèse; c'est l'histoire des luttes des Parlements et surtout du Parlement de Paris contre le Conseil du roi. Je puis seulement, pour tous les développements que comporterait ce sujet, renvoyer au savant discours de rentrée prononcé devant la Cour de cassation par M. le procureur général de Royer, le 3 novembre 1851 : « Des origines et de l'autorité de la Cour de cassation. »

En 1789, le Conseil du roi était divisé en cinq sections: 1° le Conseil d'Etat proprement dit, qui s'occupait des des relations et de la guerre; 2° le Conseil des parties, connaissant de tout ce qui tenait au contentieux judiciaire et administratif; 3° le Conseil des dépêches, chargé de l'administration intérieure : 4° le Conseil des finances; 5° le Conseil du commerce.

Tous ces Conseils étaient présidés par le roi, et en son absence par le chancelier. Celui des parties, dont la Cour de cassation tire son origine, était le plus habituellement présidé par le chancelier ou le garde des Sceaux.

Par l'ordonnance du 3 janvier 1673, le personnel du Conseil d'Etat privé ou des parties avait été composé du chancelier, du garde des Sceaux, de 21 conseillers ordinaires, dont 3 d'église et 3 d'épée, de 12 conseillers faisant le service par semestre, du secrétaire d'Etat, du contrôleur général des finances, de 2 intendants des finances, et du doyen des maîtres des requêtes. Mais il ne faudrait pas croire qu'il fût appelé tout entier à délibérer sur le contentieux judiciaire et administratif : « Il n'y a, dit Tolozan (règl. du Conseil, p. 2.), qu'un seul Conseil en France, et tout ce qui en émane à la même autorité ; mais le roi y appelle plus ou moins de personnes du nombre de ceux qu'il a choisis pour être de son Conseil, suivant la nature des affaires sur lesquelles il juge à propos de les consulter. »

Le Conseil des parties se divisait lui-même en bureau des requêtes et en bureau de cassation. L'affaire admise par le bureau des requêtes était portée contradictoirement devant le bureau de cassation, et ensuite soumise à la réunion générale du Conseil, que l'avis du bureau fût pour le rejet ou pour la cassation.

Malgré les ressemblances que nous venons de signaler, le Conseil des parties différait profondément de notre Cour de cassation ; les ouvertures de cassation n'étaient pas invariablement fixées comme aujourd'hui. Ainsi on admettait comme telles : 1° la contrariété d'arrêts entre deux Cours suprêmes ; il était juste que le Conseil fût le départiteur. 2° La contravention aux lois et ordonnances ; le droit de casser pour cette cause les arrêts des Parlements était pour le roi la sanction de son pouvoir législatif ; s'il n'en eût pas été ainsi, les Parlements eussent été maîtres des ordonnances même enregistrées en leur refusant l'exécution. Ces deux causes de cassation étaient fondées, mais la troisième l'était beaucoup moins ; le Conseil cassait pour simple mal jugé, par exception, il est vrai, et seulement quand il s'agissait des intérêts du roi en matière domaniale ou fiscale, ou bien encore lorsque dans un procès entre particuliers, les juges du fond avaient commis quelque erreur énorme. C'était presque faire du Conseil un nouveau degré de juridiction.

Si les cas de cassation n'étaient pas déterminés, les suites de la cassation prononcée ne l'étaient pas plus.

En général, le Conseil renvoyait l'affaire devant quelque Cour souveraine, plus souvent devant les requêtes de l'hôtel; mais il pouvait aussi, quand il le trouvait convenable, retenir la cause pour y faire droit et trancher lui-même le fond de l'affaire. Cet arbitraire, laissé au Conseil, était déjà un bien grand défaut; il y avait encore malheureusement d'autres vices dans la procédure.

Les affaires étaient jugées au Conseil par un nombre indéterminé de juges, sur simples instructions écrites, sans publicité, sans plaidoiries d'avocats, par des magistrats amovibles qui n'étaient pas tenus de motiver leurs arrêts, sans ministère public; en un mot, il y avait absence des principales garanties d'une bonne justice.

Toutes ces garanties existent maintenant à la Cour de cassation; les plaidoiries y sont publiques, les magistrats inamovibles, leur nombre pour rendre arrêt est déterminé, le ministère public y porte la parole dans toutes les affaires, et, de plus, cette Cour rend des décisions définitives, et non de simples avis susceptibles d'être réformés, comme ceux des bureaux du Conseil des parties pouvaient l'être à la réunion générale du Conseil.

Aussi, M. de Flauergues a-t-il pu prononcer, le 17 décembre 1814, à la Chambre des députés, ces paroles restées encore vraies aujourd'hui : « L'établissement d'une Cour de cassation fut une grande et belle application du principe le plus important de l'ordre judiciaire : par elle, les cours et les tribunaux inférieurs sans cesse ramenés à l'application rigoureuse et uniforme de la loi, ne dépendent plus que de cette loi même et de leur conscience.

C'est une chose bien remarquable dans notre pays : depuis la démocratie la plus dissolue jusqu'au despotisme le plus concentré, nous avons épuisé toutes les combinaisons politiques ; mais dans tous ces bouleversements on a respecté la Cour de cassation, on n'a jamais porté de plainte contre elle. Immuable sur sa base, cette création nouvelle autour de laquelle tout a changé, a vu passer onze gouvernements qui se sont renversés les uns sur les autres..... Elle a été jugée sans être défendue ni même entendue, elle n'a triomphé que par ses œuvres. »

SECTION II.

Organisation et attributions.

Les règles qui régissent, soit l'organisation, soit les attributions de la Cour suprême, sont éparses dans diverses lois. Le texte fondamental est toujours le décret des 27 novembre-1ᵉʳ décembre 1790 ; mais les lois d'organisation judiciaire postérieures y ont apporté de nombreuses modifications ; je citerai seulement la loi du 2 brumaire an IV, du 25 ventôse an VIII et du 20 avril 1810. Il est inutile de prévenir que, pour abréger, je résumerai aussi brièvement que possible cette section, qui demanderait cependant des développements assez considérables.

La Cour de cassation, pour remplir le but de son institution, est nécessairement unique, et en 1790, il a été décidé, après de célèbres discussions, qu'elle serait sédentaire et établie à Paris.

Elle est composée d'un premier président, de trois présidents de chambre et de quarante-cinq conseillers. Le mode de nomination de ces magistrats a varié suivant nos constitutions ; en 1790, ils étaient élus par le peuple pour quatre ans seulement ; en l'an VIII, ils étaient nommés à vie par le sénat (art. 22 de la Constitution. Sous l'empire du sénatus-consulte du 16 thermidor an X, c'était toujours le sénat qui conférait ces grades ; mais il ne pouvait choisir que sur une liste de trois membres présentés par le premier consul. Depuis la Charte de 1814, les magistrats de la Cour de cassation sont nommés par le pouvoir exécutif et inamovibles.

La Cour se divise en trois sections : 1° la Chambre criminelle ; 2° la Chambre des requêtes et 3° la Chambre civile pour les affaires civiles.

Ces trois Chambres se réunissent en audience solennelle dans certaines circonstances. Dans ce cas, elles étaient jadis présidées par le garde des sceaux (ord. du 15 janvier 1826, art. 6), de sorte que l'on voyait un fonctionnaire essentiellement révocable participer à des arrêts qui ne peuvent être rendus que par des juges inamovibles. Cette inconséquence a cessé depuis les lois du 30 juillet 1828 et 1er avril 1837. C'est maintenant le premier président qui siége à la tête des sections réunies.

Chaque Chambre est composée d'un président et de

quinze conseillers. Le premier président siége à la
chambre qu'il juge convenable. D'après l'art. 66 de la
loi du 27 ventôse an VIII, il devait y avoir entre les diverses chambres un roulement annuel de quatre juges ;
mais cette règle est tombée en désuétu'e, et, depuis 1815, les conseillers appartiennent toute leur vie à
la même Chambre. Ce système a pour résultat de conserver autant de stabilité que possible à la jurisprudence
de la Cour de cassation.

Il faut onze membres au moins dans chaque section
pour rendre un arrêt, et trente-quatre au moins, s'il
s'agit d'audience solennelle, toutes chambres réunies.
Les arrêts sont rendus à la majorité absolue des suffrages. En cas de partage, on adjoint cinq membres,
pris d'abord dans la section qui a rendu l'arrêt, puis, en
cas d'impossibilité, dans les autres sections, en suivant
l'ordre du tableau. L'affaire est de nouveau rapportée et
plaidée. Il y a en outre, près de la Cour de cassation,
un procureur général, six avocats généraux amovibles,
un greffier, quatre commis greffiers, huit huissiers au-
dienciers et un ordre d'avocats chargés de représenter
et de défendre les parties.

Outre le pouvoir de casser les jugements en dernier
ressort, la Cour de cassation a encore quelques autres
attributions secondaires que je mentionne pour mémoire. Ainsi, la Chambre des requêtes statue souverainement sur les conflits de juridiction, soit négatifs, soit
positifs, qui peuvent s'élever entre plusieurs cours ou
entre plusieurs tribunaux ne ressortissant pas à la même
cour (art. 363 C. P. C.), et sur les renvois d'un tribunal
à un autre pour cause de suspicion légitime ou de sûreté
publique. En ce qui touche les demandes de prise à

partie contre une Cour ou une section de Cour, la Chambre des requêtes prononce seulement sur l'admission préalable de la requête, la Chambre civile a seule le droit de rendre une décision définitive.

Enfin, en assemblée générale, la Cour de cassation est investie du droit de prononcer des peines disciplinaires contre les juges qui ont compromis la gravité de leur caractère, ou qui ont encouru une condamnation pénale.

Je laisse de côté complètement toutes ces attributions accessoires, je ne dirai rien non plus du pouvoir en matière criminelle, et j'aborde de suite mon sujet : le pourvoi devant la Cour de cassation en matière civile.

CHAPITRE I.

Quand y a-t-il lieu de se pourvoir en cassation?

SECTION I.

Dans quel but est organisée la Cour de cassation?

« Il y a deux motifs principaux pour l'établissement d'une Cour de cassation, disait Barnave à l'Assemblée nationale, le 8 mai 1790, premièrement conserver l'unité monarchique, employer les moyens les plus propres à lier entre elles toutes les parties politiques de l'empire, et prévenir une diversion qui conduirait au gouvernement fédératif; secondement maintenir l'unité de législation et prévenir la diversité de la jurisprudence (Histoire parlementaire de la Révolution, t. 5, p. 458).

Sans discuter les avantages et les inconvénients du

régime fédératif, je remarque seulement que, d'après l'esprit de ses fondateurs, la Cour de cassation n'est pas, comme on l'a dit quelquefois, un troisième degré de juridiction ; quand les deux degrés ont été épuisés, il y a arrêt souverain, chose jugée (art. 7, loi du 20 avril 1818).

Cependant, comme il serait possible qu'une erreur de droit eût été commise, que la loi eût été violée, le législateur a institué une voie extraordinaire, dans le but de la faire respecter, d'en assurer l'application exacte devant les tribunaux.

Et ce recours est un remède extrême, établi plutôt dans l'intérêt de la fidèle exécution de la loi que dans l'intérêt des parties. « Ce n'est point par la considération du préjudice causé, qu'un jugement illégal ou injuste peut porter aux intérêts privés de ceux entre lesquels il est intervenu, que la loi déclare recevable le pourvoi qu'ils interjettent eux-mêmes : c'est parce qu'il serait d'une funeste conséquence pour tous les membres de la société qu'une erreur de droit, commise dans l'instruction ou le jugement d'une contestation privée, devînt, par succession de temps, une erreur commune qui prendrait la place de la disposition de la loi. » *Carré, Ory. et comp.*, 2ᵉ partie, liv. III, tit. 7.

Ces principes ont cependant été contestés. M. Marie a soutenu devant l'Assemblée nationale, le 9 février 1849, que la Cour de cassation était un troisième degré de juridiction au point de vue du droit, lorsque le recours est formé par le justiciable lui-même. Il avouait bien que le pourvoi formé par le procureur général seul était uniquement dans l'intérêt de la loi, puisqu'après la cassation, l'arrêt continuait à lier les parties qui ne l'avaient pas attaqué; mais, au contraire lorsqu'un plaideur, dans son intérêt particulier, sollicite un arrêt de la Cour de cassation et obtient le renvoi devant d'autres juges qui pourront connaître du fond du procès, la Cour de cassation n'est-elle pas un véritable degré de juridiction?

Ce système n'a pas prévalu : la Cour de cassation n'a pas une mission différente, suivant qu'elle statue à la requête du procureur général dans l'intérêt de la loi, ou à la requête d'un simple particulier. C'est toujours le respect de la loi, l'unité de jurisprudence, que le législateur a eus en vue. S'il a permis à l'un des plaideurs de suivre à ses frais la procédure, et de profiter de la décision, c'est pour atteindre plus sûrement son but : le zèle qu'inspire l'intérêt particulier vient souvent en aide à l'intérêt public. M. Odilon Barrot avait d'avance fort bien répondu à M. Marie : « Ce n'est qu'accessoirement, que secondairement en quelque sorte, que les intérêts privés peuvent être remis en question par la cassation, dans l'intérêt de la loi et de l'uniformité de la jurisprudence, d'un arrêt qui a violé la loi. Et cela est si vrai que le pourvoi en cassation n'est pas suspensif, que l'exécution suit son cours, et que cependant cette exécution peut être irréparable dans beaucoup de cas. Elle est irréparable, et pourquoi? C'est parce que le législateur ne se préoccupe pas des dommages privés, c'est que cela ne prend dans sa pensée, dans son vœu, qu'une place secondaire et subordonnée, c'est que le législateur, en instituant la Cour de cassation, ne s'est préoccupé surtout que de l'intérêt public et légal, et non des intérêts privés et secondaires.» *Moniteur* du 10 février 1849.

Joly de Fleury disait déjà en 1762, à propos du conseil des parties, dans un mémoire adressé à Louis XV : « On a toujours tenu pour principe que la Cassation a été introduite plutôt pour le maintien des ordonnances que pour l'intérêt des justiciables. »

Il faut donc aujourd'hui, comme jadis, tenir pour certain que la Cour de cassation n'est pas un troisième degré de juridiction, pas plus au point de vue du droit qu'au point de vue du fait.

Section II.

Contre quelles décisions le recours en cassation est-il admis ?

Le pourvoi en cassation est une ressource extraordinaire qui n'est admise qu'à défaut de tout autre moyen pour faire corriger l'erreur de droit. On ne pourra donc se pourvoir devant la Cour suprême que contre des jugements en dernier ressort, c'est-à-dire qui ne sont pas susceptibles d'appel. Une autre condition tient à la séparation des pouvoirs, la Cour de cassation n'a pas le droit de contrôler les décisions des juges administratifs ; elles sont déférées au Conseil d'Etat.

Enfin, il résulte de la nature des choses que la Cour suprême n'a aucune autorité sur les jugements des tribunaux étrangers ; chaque Etat est souverain dans son territoire.

La règle que je viens d'énoncer s'applique sans difficulté aux arrêts ou jugements en dernier ressort contradictoires. Pour les jugements par défaut, tant que le défaillant a la ressource de l'opposition, il ne peut recourir devant la Cour de cassation ; mais les délais d'opposition une fois expirés, cette voie lui sera-t-elle ouverte? S'il s'agissait d'un jugement contradictoire susceptible d'appel, et que la partie condamnée n'eût pas usé à temps de ce moyen, elle serait certainement repoussée dans sa demande en cassation; le jugement dont elle n'a pas appelé n'était pas en dernier ressort, et, en lui laissant acquérir la force de chose jugée, elle a tacitement acquiescé à la condamnation. Donnerons-nous la même solution pour le défaillant qui n'a pas formé opposition au jugement? Non, la situation n'est pas tout à fait la même. Les délais de l'opposition sont infiniment plus courts que ceux de l'appel, et enfin la question est formellement tranchée en faveur du défaillant par les art. 5 et 35, tit. IV, 1re partie du règlement de 1738, qui réduisent à moitié les amendes en cas de pourvoi contre des décisions par défaut. La loi des 21 mai-21 juin 1862, confirme cette solution, art. 1, § 1. « Le délai pour se pourvoir contre une sentence par défaut ne court que du jour où l'opposition n'est plus recevable.

A un autre point de vue, les jugements se divisent en jugements définitifs et jugements d'avant-faire-droit. Tous peuvent contenir une erreur de droit être en dernier ressort, et par conséquent attaqués par la voie de cassation. Il n'y a rien à dire de plus pour les jugements définitifs; mais pour les jugements d'avant-faire-droit il peut y avoir des difficultés; elles naissent à propos de l'art 14 de la loi du 2 brumaire an IV, ainsi conçu : « Le recours en cassation contre les jugements préparatoires et d'instruction ne sera ouvert qu'après le jugement définitif; mais l'exécution même volontaire de tels jugements ne pourra en aucun cas être opposée comme fin de non-recevoir. » Le motif qui a inspiré cette solution est facile à saisir ; on n'a pas voulu qu'un plaideur pût entraver la marche de la justice en formant un recours devant la Cour de cassation contre des décisions qui ne lui causent aucun préjudice. Ex. : les jugements ordonnant la jonction de deux instances, communication des pièces, la remise de la cause, etc...

La controverse s'élève dès qu'on se demande quels sont les jugements compris dans cette dénomination : « jugements préparatoires et d'instruction. » La loi a-t-elle voulu par là désigner tous les jugements d'avant-faire-droit, ou n'en désigner que quelques-uns ?

La loi du 2 brumaire an IV est complètement muette sur ce point. Dans l'ancien droit, les mots jugements préparatoires avaient une acception très-large et embrassaient tous les jugements d'avant-faire-droit ; mais, depuis la loi du 2 brumaire an IV, le Code de procédure civile est venu donner à ces mots un sens bien plus restreint : l'art. 452 de ce Code distingue dans les jugements d'avant-faire-droit : 1° les jugements préparatoires, c'est-à-dire ceux rendus pour l'instruction de la cause et qui tendent à mettre le procès en état de recevoir un jugement définitif : tels sont ceux que j'ai cités plus haut, ordonnant la jonction de deux instances, communication de pièces, etc... 2° les jugements interlocutoires, lorsqu'un tribunal ordonne avant-dire-droit une preuve, une vérification ou une instruction qui préjuge le fond. Enfin la doctrine a fait une troisième classe de certains jugements d'avant-faire-droit qui ne rentrent ni dans l'un ni dans l'autre des deux premiers groupes, les jugements provisoires, comme celui qui rejette la demande de caution formée contre un étran-

ger (art. 166, C. Pr. c.), une exception d'incompétence
(art. 168, C. Pr. c.), ou une exception fondée sur la nullité d'un acte de procédure.

Sous le bénéfice de ces préliminaires un peu longs
sans doute, mais qui étaient nécessaires pour l'intelligence du sujet, je pose la question : Faut-il, dans la loi
de brumaire, entendre par jugements préparatoires et
d'instruction, tous les jugements d'avant-faire-droit,
ou bien faut-il donner à ces mots le sens restreint que
leur a attribué le Code de procédure civile?

Le premier système invoque avec beaucoup de force
cette considération que, au moment où fut votée la loi
de brumaire an IV, la distinction que veut faire le second système n'existait dans aucun texte de loi, et que
dès lors, il est purement arbitraire de la supposer dans
l'esprit du législateur. La Cour de cassation belge, ju-
geant sur nos textes, semble avoir adopté cette opinion.
Voyez six arrêts dans ce sens, cités par M. Scheyven.
Traité pratique des pouvoirs en cassation; Cassation
de France, 12 avril 1810. S. 10. 1. 274; 27 janvier
1818; S. 18. 1. 149.

Malgré cette autorité si considérable, je pense que
la loi du 2 brumaire an IV, dans son art. 14, n'a voulu
viser que les jugements préparatoires tels qu'ils sont définis dans l'art. 452. C. Pr. c.

En effet le motif qui a dicté la prohibition de se pourvoir en cassation contre les jugements préparatoires a
été la crainte de voir entraver le cours de la justice par
des recours contre des décisions qui ne portent aux
plaideurs aucun préjudice. Cette raison s'applique fort
bien aux jugements préparatoires proprement dits;
mais elle n'est plus vraie pour les jugements interlocu-

toires qui préjugent le fond de l'affaire, ni pour les décisions provi..ires, qui toutes préalables qu'elles sont,
ont dans leur objet un caractère définitif. Sans doute
en l'an IV, le   rt. 451-452 du Code de procédure civile
n'existaient pas ; l'art. 5 de la loi du 3 brumaire an II,
avait au contraire pour l'appel une formule aussi générale que celle de l'art. 14 de brumaire an IV ; mais
la raison voulait qu'on fît une distinction déjà admise
dans notre ancien droit entre les jugements qui portent
ou ne portent pas un grief sérieux aux parties. V. Boitard sur l'art. 451 du C. Pr. c. Ce travail, que la loi de
brumaire laissait à la doctrine, le Code de procédure l'a
accompli en partie ; les auteurs et la jurisprudence l'ont
complété (Cassation, 21 mars 1809, 25 novembre 1807
et 2 février 1825). Ainsi en résumé à mon avis : 1° la
loi de brumaire ne doit s'appliquer qu'aux jugements
préparatoires tels qu'ils sont définis par l'art. 452 C.
Pr. c. ; 2° le pourvoi en cassation est possible contre un
jugement en dernier ressort interlocutoire ou provisoire
avant le jugement définitif ; 3° le délai pour se pourvoir commence à courir du jour de sa signification à
personne ou domicile (Cass. 21 juillet 1830. S. 31. 1. 30) ;
4° son exécution volontaire constitue une fin de non
recevoir contre le pourvoi (Cass. 4 janvier 1831. S. 32. 1.
462 ; 1er février 1832 ; S. 32. 1. 463 ; 11 janvier 1841.
S. 41. 1. 236. Comparer l'art. 416. C. I. cr. Voyez une
exception dans l'art. 583. C. com.)

Une observation importante à faire en terminant est
celle-ci : pour savoir si un jugement est préparatoire,
provisoire ou interlocutoire, de même que pour savoir
s'il est en premier ou en dernier ressort, il ne faut pas
s'attacher à la qualification qui lui a été donnée par les

juges qui l'ont rendu, mais bien à la nature même des choses. Voyez par analogie les art. 454 et 458. C. Pr. c.

Le recours en cassation est ouvert contre toute décision en dernier ressort, quel que soit le tribunal qui l'ait prononcée : jusqu'ici nous avons supposé l'arrêt d'une cour d'appel ou le jugement d'un tribunal civil ; mais il est également possible contre les jugements des tribunaux de commerce, des prud'hommes, etc...; il y a cependant quelques observations à faire en ce qui concerne les arbitres et les juges de paix.

Avant la loi du 19 juillet 1856, on reconnaissait deux sortes d'arbitres : 1° les arbitres volontaires qui existent encore aujourd'hui ; 2° les arbitres forcés, supprimés par cette loi, qui connaissaient des contestations entre associés. Ces arbitres forcés étaient considérés comme de véritables juges, et leurs sentences soumises par l'art. 52. C. com. au recours en cassation. (Cass. 18 juillet 1832; S. 33. 1. 476). Pour les arbitres volontaires, l'article 1028 C.Pr. c . contient une disposition spéciale. Dans cinq cas qu'il énumère, il n'y a besoin de se pourvoir contre la décision des arbitres par appel ni requête civile : les parties feront opposition à l'ordonnance d'exécution devant le tribunal qui l'aura rendue, et demanderont la nullité de l'acte qualifié jugement arbitral. « Il ne pourra y avoir recours en cassation que contre les jugements des tribunaux, rendus soit sur requête civile, soit sur appel d'un jugement arbitral. » La raison de cette dernière disposition est très-simple. D'après l'art. 1023, C. Pr. c., toute sentence arbitrale est sujette à l'appel, et le pourvoi en cassation n'est possible que contre les décisions en dernier ressort. Mais qu'arrivera-t-il, si les parties, conformément au droit que leur confère l'art 1010, ont à l'avance renoncé au droit d'appeler? M. Boitard dans ses remarquables leçons sur le Code de procédure civile, II § 1212, pense que le pourvoi en cassation lui-même n'est pas possible, et que les parties n'auront aucun recours contre la décision des arbitres; il reconnaît que cette solution présentera des inconvénients; mais il se croit obligé de la maintenir par le texte de la loi. — En ce sens, Grenoble 10 juin 1844; Dall. 45. 2. 25.

Je ne puis partager cette opinion; je crois, avec M. Colmet-Daage (*eod. loc.*, en note), que la renonciation au droit d'appel n'entraîne pas et ne peut entraîner pour les parties renonciation à la voie d'opposition contre l'ordonnance d'*exequatur* (Colmar, 7 mars 1849; Dall.50.2.52). Dès lors il me semble que, sans violer l'art. 1028, on peut ouvrir le recours en cassation contre le jugement du tribunal ou l'arrêt de la Cour qui rejette l'opposition, et donner ainsi aux parties qui ont renoncé à l'appel le moyen d'obliger leurs arbitres à se conformer aux prescriptions de la loi.

Les juges de paix statuent en dernier ressort sur des causes de si peu d'importance, que le législateur a pensé qu'il était sage de restreindre les cas de cassation contre leurs décisions et d'empêcher les plaideurs de se ruiner en portant jusque devant la Cour suprême les procès les plus insignifiants. Le décret des 27 novembre-1er décembre 1790, portant institution du tribunal de cassation, décidait, dans son article 4, qu'on ne pourrait former de demandes en cassation contre les jugements rendus en dernier ressort par les juges de paix, et défendait au tribunal de cassation d'admettre de pareilles demandes. L'article 77 de la loi du 27 ventôse an VIII reproduisit cette prohition, en permettant toutefois le recours en cassation pour incompétence ou excès de pouvoir. Aujourd'hui, nous vivons sous l'empire de la loi du 25 mai 1838, qui défend encore le pourvoi en cassation, si ce n'est pour excès de pouvoir. Cette loi ne parle plus de l'incompétence, parce que l'article 14, autorisant l'appel pour incompétence, les jugements entachés de ce vice ne sont plus en dernier ressort. Je ne veux pas rechercher ici ce qui distingue l'incompétence de l'excès de pouvoir, je traiterai ce sujet en parlant des ouvertures de cassation (sect. IV, ch. 1).

Certaines classes d'affaires sont soumises à des règles particulières en ce qui concerne la voie de recours qui m'occupe : je ne me suis proposé que d'étudier le pourvoi en matière ordinaire, je laisse donc de côté tout ce qu'il y a de spécial en matière d'expropriation pour cause d'utilité publique, d'élection et de peines disciplinaires.

Enfin, pour être admis à attaquer devant la Cour de cassation un jugement en dernier ressort, il faut qu'il n'y ait pas eu acquiescement exprès ou tacite. La Cour souveraine est, en pareil cas, juge de l'acquiescement tacite, qui résulte d'actes judiciaires ou extrajudiciaires dont elle apprécie les conséquences. La principale circonstance qui fait présumer l'acquiescement est l'exécution volontaire de la décision par la partie condamnée : celle-ci doit, si elle veut se pourvoir, ne l'exécuter que comme contrainte, sous la réserve de se pourvoir. (Cass., 28 février 1854. Dall., 54, 1, 105; 29 janvier 1833. S., 33, 1, 83.)

Toutefois cet acquiescement se présume plus facilement de la part de celui qui, ayant obtenu gain de cause sur plusieurs chefs, lève et notifie l'arrêt, comme pour l'exécuter, sans réserver son droit de recours, que de la part de la partie condamnée contre laquelle on poursuit une exécution qu'elle ne peut ni éviter, ni suspendre par un pourvoi. (Cass., 25 novembre 1846. D., 47, 1, 43.)

L'acquiescement résulte aussi d'une défense au fond, présentée sans réserve après une décision qui statue sur un point de forme, et généralement des actes de procédure qui font supposer qu'en passant outre, on a adhéré aux décisions précédentes ou renoncé aux nullités de formes qu'on pouvait opposer. (Cass., 4 janvier 1831. S. 32, 1, 462; 1ᵉʳ février 1832. S. 32, 1, 463.)

SECTION III.

Qui peut se pourvoir et contre qui peut-on se pourvoir ?

Le pourvoi en cassation ne peut être interjeté que par les personnes qui ont été parties au procès, et contre elles. Si un tiers se prétend lésé par le jugement ou l'arrêt, il n'a pas le droit de demander directement à la Cour de cassation d'annuler la sentence; il doit d'abord prendre la voie de la tierce-opposition que lui offre la loi. Si le juge en dernier ressort de la tierce-opposition rejette sa demande, alors seulement il pourra se pourvoir en cassation, et encore ce ne sera pas contre le jugement dans lequel il n'a pas été partie, mais bien contre celui qui rejette son recours.

Pour recourir devant la Cour suprême, la condition qu'on a été partie au procès ne suffit pas, il faut de plus avoir intérêt à ce que la décision soit cassée. Ainsi on

ne peut attaquer par cette voie une disposition au profit de laquelle l'adversaire a renoncé, ou bien une disposition qui n'intéresse qu'un tiers : Ex. Un tiers saisi
se plaignant d'avoir été condamné à se libérer entre les
mains du saisissant, au lieu de payer directement à son
créancier, ne serait pas admis à demander la cassation.

Les principes généraux relatifs à la capacité d'ester
en justice s'appliquent au pourvoi en cassation. Les
étrangers aussi bien que les régnicoles, peuvent user
de cette voie de recours, et cela est vr quel que soit
celui des trois systèmes qu'on adopte sur leur condition
générale; l'art. 166, C. Pr. c., en leur imposant dans
certains cas la caution *judicatum solvi*, leur a par cela
même implicitement reconnu le droit de plaider devant
les tribunaux français. En ce qui touche les incapables
d'ester en justice sans assistance ou autorisation, tels
que les femmes, les mineurs, les interdits, les communes,
les établissements publics, l'autorisation de former une
demande en justice ne suffit pas pour porter le procès
devant la Cour de cassation. C'est une nouvelle instance
pour laquelle il faut une nouvelle autorisation. Toutefois, il est bon de remarquer ici que l'acte introductif
d'instance n'est pas le simple pourvoi; le procès n'est
entamé que par l'assignation donnée à la partie adverse
en vertu d'un arrêt d'admission; l'autorisation ne devient
donc rigoureusement nécessaire qu'après l'admission
du pourvoi prononcée par la Chambre des requêtes.
(Cass., 21 février 1842, S. 42, 1, 285.)

Les représentants d'une partie peuvent se pourvoir en
cassation aussi bien que cette personne elle-même. On
s'est demandé si les créanciers, exerçant, en vertu de
l'art. 1166, les droits et actions de leur débiteur peuvent

se pourvoir en cassation contre un arrêt qui le condamne. L'arrêt de cassation du 24 novembre 1840
(Dall. 40, 1, 28) leur accorde ce droit dans le cas où le débiteur ne se pourvoit pas lui-même ; mais, du moment
qu'il agit, ses créanciers ne peuvent plus le représenter.
V. aussi Cass. 10 janvier 1855 ; Dall. 551, 169.

Quand un jugement ou un arrêt condamne plusieurs
personnes, même ayant un intérêt commun, chacune
des parties doit se pourvoir séparément, sauf à la Cour
suprême si elle le juge à propos à joindre les instances :
si quelques-uns seulement ont attaqué l'arrêt, il ne sera
cassé que dans leur intérêt, et continuera de produire
ses effets pour tous les autres condamné. (Cass. 7 novembre 1821 S. 22, 1, 139.) Ces principes ne reçoivent
exception qu'en cas de dettes solidaires et indivisibles.
Le pourvoi formé par l'un des débiteur profite aux autres.
(Cass. 17 avril 1837. S. 37, 1, 275), et en sens inverse celui
formé contre l'un des débiteurs est valable pour le tout,
quoique la déchéance soit encourue à l'égard des autres. Arrêt Valéry, 20 germinal an II, S. 7 II, 816.

En matière civile le ministère public peut parfois se
pourvoir en cassation ; mais il faut soigneusement distinguer deux cas : ou bien ce droit appartient à tous les
membres du ministère public, ou bien il ne peut être
exercé que par le procureur général à la Cour de cassation.

1° Tout procureur de la république peut se pourvoir
en matière civile quand un intérêt public est en cause
et qu'il s'est rendu partie principale au procès en aban-
donnant son rôle habituel, qui est de n'y figurer que
comme partie jointe. Mais la question n'est pas précisée,
et il faut déterminer dans quels cas le ministère public

peut, en matière civile, se porter partie principale. Il n'y a pas de difficulté pour les cas très-peu nombreux du reste, dans lesquels la loi lui accorde expressément ce droit. Ex : art. 184, 491, 2143, 2144, 2145 C. civ. La loi du 24 août 1790, art. 8, tit. 2 restreignait à ces cas déterminés son droit d'action; mais, depuis 1810, la rédaction éminemment ambiguë de l'art. 46 de la loi du 20 avril a fait naître la question de savoir si le ministère public n'avait pas en matière civile le droit d'agir par voie d'action en dehors des cas spécifiés par la loi, toutes les fois que l'ordre public est intéressé. Ex. rectification d'actes de l'état civil, opposition au mariage, etc.

La controverse a été extrêmement vive et elle n'est pas finie : ce n'est pas ici le lieu de la discuter; je dirai seulement que la jurisprudence de la Cour de cassation semble pencher vers l'adoption du second système qui donne au ministère public le droit d'action toutes les fois que l'ordre public est intéressé. Cass., 20 mai 1856; Dev. 57, 1, 111; Cass. 25 mai 1869; Dev. 69, 1, 308. Voyez le rapport de M. Laborie, Dev. 1862, 1, p. 272; ajoutez Bruxelles, 19 avril 1861.

Ainsi donc, dans la première opinion, le procureur de la république pourra se pourvoir toutes les fois qu'il aura été partie principale dans les cas spécifiés par la loi; suivant le second système, au contraire, il pourra se porter partie principale et se pourvoir même en dehors des cas où la loi confère ce droit, toutes les fois que l'ordre public sera intéressé. Quel que soit celui des deux systèmes qu'on adopte, il reste encore une difficulté : en supposant un des cas où le ministère public aurait eu le droit de se porter partie principale, cas qui varieront suivant le parti qu'on prendra sur l'art. 46, le procureur de la république pourra-t-il se pourvoir devant la Cour de cassation, s'il s'est contenté de rester partie jointe? La difficulté tient à ce que, comme je l'ai dit en commençant cette section, on n'admet en règle à se pourvoir que les personnes qui ont été parties au procès, et dans notre hypothèse, le ministère public n'a pas été réellement partie dans l'instance. Cette question n'est pas spéciale au pourvoi en cassation; elle se pose également à propos de l'appel; le ministère public peut-il appeler d'un jugement quand il n'a pas été partie principale en première instance? La raison de douter me semble absolument la même.

La jurisprudence est loin d'être fixée sur ce point : je rapporte seulement les considérants de deux arrêts de la Cour de cassation rendus à quelques mois de distance. Arrêt du 2 décembre 1851, Dall. 52, 1, 81 : « Attendu que le droit du ministère public indépendant du droit de la partie, et fondé sur la défense de l'ordre public, peut être exercé pour la première fois devant tous les degrés de juridiction, qu'il a pu l'être pour la première fois dans l'espèce devant la Cour de cassation, ..., que le pourvoi de M. le procureur de Rennes serait donc recevable... » Arrêt du 3 mai 1852, cité par Bernard, *Manuel des pourvois*, I, p. 96 : « Attendu que le droit de se pourvoir contre un jugement ou un arrêt n'appartient qu'à ceux qui y ont été parties, que le procureur général de la Martinique n'a figuré ni dans l'arrêt attaqué ni dans le jugement de première instance, soit comme appelant, soit comme intimé, soit comme demandeur ni intervenant, que les conclusions données par le ministère public dans les deux degrés de juridiction ne constituent qu'un avis que la loi exige dans certains cas déterminés, mais ne forment pas une action qui le rende partie au procès..... Rejette. »

Une pareille divergence montre combien la question est délicate, et cependant aucun auteur à ma connaissance ne l'a traitée *ex professo*; bien peu même l'ont indiquée dans leurs ouvrages. J'ai beaucoup hésité avant de prendre un parti ; mais, en fin de compte, je crois qu'il faut décider l'affirmative et reconnaître, dans notre espèce, au ministère public, le droit de se pourvoir ou d'en appeler quand bien même il ne se serait pas porté partie principale dans l'instance. Cette solution peut être contestée par ceux qui adoptent le système restrictif sur l'art. 46 ; car la loi n'a nulle part reconnu expressément au ministère public le droit d'en appeler ou de se pourvoir; mais elle doit être admise, ce me semble, par ceux qui pensent, comme moi, que le ministère public peut agir en matière civile, même en dehors des cas spécifiés par la loi, toutes les fois que l'ordre public est intéressé ; sans doute on s'écarte un peu des principes ordinaires en notre matière ; mais le ministère public est dans une situation exceptionnellement favorable, et la meilleure preuve que je puisse en donner, c'est que la doctrine et la jurisprudence sont d'accord pour reconnaître au procureur de la république le droit d'appeler d'une décision, lors même qu'elle est rendue conformément à ses conclusions.

2° Le procureur général à la Cour de cassation ne peut former de pourvoi dans les cas ordinaires ; ce droit est exclusivement réservé au ministère public près les juridictions inférieures. Mais, dans deux cas, la loi lui confère par exception le droit d'en former.

1er *cas*. L'art. 88 de la loi du 27 ventose an VIII, reproduisant l'art. 25 du décret du 1er décembre 1790, est ainsi conçu : « Si le commissaire du gouvernement apprend qu'il a été rendu en dernier ressort un jugement contraire aux lois ou aux formes de procéder, dans lequel un juge ait excédé ses pouvoirs, et contre lequel cependant aucune des parties n'ait réclamé dans le délai fixé, après ce délai expiré, il en donnera connaissance au tribunal de cassation, et si les formes ou les lois ont été violées le jugement sera cassé, sans que les parties puissent se prévaloir de la cassation pour éluder les dispositions de ce jugement, lequel vaudra transaction pour elles. »

Ce pourvoi dans l'intérêt de la loi, comme on le nomme, paraît tirer son origine des *arrêts rendus en commandement* par le Conseil du roi, section des dépêches : il ne peut être exercé que pour les ouvertures ordinaires de cassation ; mais il présente certains caractères particuliers : 1° le procureur général à la Cour de cassation seul peut le former. Cass., 24 janvier 1824. S. 24, 1, 344 ; 2° Il ne peut être interjeté qu'après les délais ordinaires accordés aux parties ; 3° Il est porté, non à la Chambre des requêtes, mais directement à la Chambre civile ; 4° les parties ne s'étant pas pourvues, sont censées avoir acquiescé et ne peuvent profiter de la cassation : le jugement vaut transaction pour elles. — M. Rodière, Compétence et Procédure civile, I, 121, enseigne toutefois, mais à tort selon moi, que l'arrêt de cassation doit entraîner la nullité de la décision, même vis-à-vis des parties si elle avait statué sur des matières intéressant l'ordre public où nulle transaction n'est possible.

2° *cas*. Aux termes de l'article 80 de la même loi du 27 ventôse an VIII : « le gouvernement par la voie de son commissaire et sans préjudice du droit des parties intéressées dénoncera au tribunal de cassation, section des requêtes, les actes par lesquels les juges auront excédé leurs pouvoirs... Elle annulera ces actes s'il y a lieu. »

Le but de ce droit accordé au gouvernement est de maintenir la séparation qui doit exister entre les divers pouvoirs de l'État; il faut bien se garder de confondre ce cas avec le précédent; il en diffère sous beaucoup de points: 1° ce pourvoi n'a pas lieu seulement contre les arrêts ou jugements en dernier ressort; il est possible contre les jugements en première instance, et même contre tous actes des juges entachés d'excès de pouvoir; 2° l'excès de pouvoir est la seule ouverture de cassation; 3° le gouvernement seul peut se pourvoir par la voie du procureur général; 4° le pourvoi n'est soumis à aucun délai, il peut être interjeté à toute époque; 5° l'affaire est toujours portée devant la section des requêtes qui annule l'acte, s'il y a lieu; 6° la loi ajoute: sans préjudice du droit des parties intéressées, c'est-à-dire qu'elle réserve aux parties le droit d'intenter un pourvoi dans les conditions ordinaires. Ce n'est pas à dire pour cela que le pourvoi prononcé à la requête du gouvernement sera purement théorique; l'acte est annulé dans tous ses effets, et par conséquent la cassation réagit sur les intérêts privés. (Cass. 1er juin 1817; Dall. 47, 1, 177.) J'indiquerai dans la section suivante ce qu'est l'excès de pouvoir.

Section IV.

Pour quelles causes peut-on se pourvoir ?

Les principes qui dominent toute la matière ont été parfaitement résumés dans un avis du Conseil d'Etat du 18 janvier 1806. Je ne puis mieux faire que d'en transcrire les principaux passages.

« . . . . . Les constitutions n'ont établi que deux degrés de juridiction. Elles ont créé des cours d'appel pour juger en dernier ressort ; mais les actes émanés de ces cours n'ont le caractère de décisions souveraines qu'autant qu'ils sont revêtus de toutes les formalités requises pour constituer un jugement. Si les formes ont été violées, il n'y a pas de jugement à proprement parler, et la Cour de cassation détruit un acte irrégulier. Si, au contraire, toutes les formes ont été observées, le jugement est réputé la vérité même.

« Deux puissantes raisons d'un intérêt général ont impérieusement exigé cette maxime. Des juges supérieurs sont établis pour réparer les erreurs d'une première décision : s'il était encore permis de remettre en question ce qui aurait été jugé par les cours, où faudrait-il arrêter ces examens ultérieurs, et quelle plus forte garantie la société aurait-elle contre les erreurs de troisièmes ou de quatrièmes juges ? Cependant la stabilité des jugements rendus par les cours repose, il faut en convenir, non sur la certitude acquise qu'un arrêt est juste, mais sur la présomption de sa justice, quand il est revêtu des formes qui lui donnent le caractère d'un jugement ; or, il est de la nature de toute présomption de céder à la vérité contraire quand elle est démontrée. Si donc un arrêt se trouve en opposition formelle avec une disposition textuelle de la loi, la présomption de sa justice disparaît, car la loi est et doit être la justice des tribunaux ; aussi la Cour de cassation a-t-elle le droit d'annuler encore dans ce cas les actes des cours.

« Voilà les seules garanties que les constitutions de l'empire aient données contre les erreurs des magistrats. On ne pourrait s'écarter de ces principes conservateurs sans tomber dans un arbitraire inconciliable avec le droit de propriété et avec la liberté civile. »

Les auteurs distinguent plusieurs causes de cassation, et cependant, en allant au fond des choses et en se pénétrant du but de l'institution, il est facile de voir que toutes se ramènent à une : la violation de la loi. Je suivrai cependant l'usage habituel, et pour une raison bien simple : en effet, si toute ouverture à cassation suppose une violation de la loi, à l'inverse toute violation de la loi n'est pas une ouverture à cassation, et il faut poser des règles particulières en cas d'inobservation des formes, d'incompétence ou d'excès de pouvoir et de contrariété de jugements. Je parlerai donc d'abord de ces trois points avant d'aborder le quatrième consacré spécialement aux contraventions à la loi quant au fond.

I. *Violation des formes.* « Si vous examinez les formalités de la justice par rapport à la peine qu'a un citoyen à se faire rendre son bien ou à obtenir satisfaction de quelque outrage, vous en trouverez sans doute trop. Si vous les regardez dans le rapport qu'elles ont avec la liberté et la sûreté des citoyens, vous en trouverez

souvent trop peu, et vous verrez que les peines, les dé-
penses, les longueurs, les dangers mêmes de la justice
sont le prix que chaque citoyen donne pour sa liberté. »
Telles sont les paroles par lesquelles Montesquieu répondait aux attaques dont étaient l'objet les formes de
la procédure (*Esprit des lois*, liv. vi, ch. 2). Elles sont la
sauvegarde des plaideurs, et la présomption de vérité qui
s'attache à tout jugement suppose qu'elles ont été observées; il n'est donc pas étonnant que la Cour de cassation
ait le droit de mettre à néant les décisions dans lesquelles cette garantie n'a pas existé. Les principaux
textes qui consacrent ce droit sont : l'art. 3 du décret
du 1er décembre 1790, les art. 2-4 du décret du 4 germinal an II, l'art. 66 de la loi du 27 ventose an VIII,
et l'art. 7 de la loi du 20 avril 1810.

En 1790, la violation des formes ne donnait ouverture à cassation qu'autant qu'elles étaient prescrites à
peine de nullité. La loi du 4 germinal an II vint établir une règle contraire (art. 2). Elle autorisa le pourvoi pour toute violation ou omission de formes prescrites
par les représentants du peuple depuis 1789, quand
même on n'y aurait pas ajouté la peine de nullité, et
art. 3 : « La disposition de l'art. 3 du 1er décembre 1790
qui, jusqu'à la formation d'un code unique de lois civiles, ne permet de casser les jugements pour violation
de formes que lorsqu'il s'agit de formes prescrites sous
peine de nullité, demeure restreinte aux formes déter-
minées par les lois antérieures à 1789, qui ne sont pas
encore abrogées. » C'était aller bien loin; il ne faut pas,
en effet, exagérer et attacher plus d'importance à l'observation des formes que le législateur lui-même; aussi,
depuis la promulgation du Code de procédure civile en

1806, on a considéré la loi de l'an II comme abrogée par l'art. 1041, C. Pr. c. avec toutes les lois, tous les règlements, tous les usages antérieurs relatifs à la procédure; cependant, on ne peut pas dire, d'une façon absolue, que le pourvoi n'est possible que si la loi a prononcé formellement la nullité; il faut, à cet égard, faire des distinctions très-délicates.

En ce qui concerne d'abord les actes de procédure, l'art. 1030, C. Pr. c., dispose qu'ils ne pourront être déclarés nuls que si la nullité est formellement prononcée par la loi; toutefois, ce texte ne doit pas être appliqué à la lettre; il y a, en dehors des cas de nullité énoncés dans la loi, certaines formes qui sont constitutives des actes, sans lesquelles ces actes n'existent pas; dans cette hypothèse, il n'est pas douteux que la Cour suprême ne puisse casser un acte qui manque de l'une de ces conditions. Il faut donc, au point de vue de la cassation, faire deux classes des formalités exigées dans les actes de procédure : 1° les unes sont prescrites à peine de nullité et entraînent la cassation de l'acte, si on ne les a pas observées; peu importe qu'elles soient ou non substantielles ; 2° les autres ne sont pas prescrites à peine de nullité; leur inobservation ne permet de se pourvoir devant la Cour suprême que si elles intéressent l'ordre public ou sont constitutives des actes.

Je prends un exemple : je suppose que, dans un exploit d'ajournement, on a omis, non pas le nom, mais la profession ou le domicile du demandeur, et il n'y a dans l'acte aucune indication équivalente qui permette de suppléer à cet oubli. C'est là une mention accessoire : la désignation de la personne est suffisante d'ailleurs, mais cette omission entraînera la cassation de la sentence intervenue sur cet exploit parce que toutes les mentions ordonnées par l'art. 61 sont prescrites à peine de nullité. Si, au contraire, l'omission se trouvait dans une citation devant un juge de paix, l'art. 1, C. Pr. c., n'ayant prononcé la nullité pour aucun cas, nous ne permettrons pas la cassation en cas d'omission d'une formalité aussi secondaire que la mention du prénom ou du domicile ; mais il faudra que le demandeur se soit fait connaître d'une manière claire et précise ; son nom est une formalité substantielle, et s'il ne se trouve pas dans l'acte, le recours en cassation sera possible.

Pour les jugements, il faut complètement écarter l'application de l'art. 1030 ; le deuxième paragraphe de cet article, en édictant comme sanction une amende contre les officiers ministériels, montre bien que l'article ne vise que les actes de procédure émanant de ces officiers. D'un autre côté, l'art. 141, C. Pr. c., n'attache pas la peine de nullité aux mentions qu'il prescrit : est-ce à dire qu'on pourra les omettre toutes impunément ? La question est tranchée pour quelques hypothèses par l'art. 7 de la loi du 20 avril 1810 : « La justice est rendue souverainement par les cours royales ; leurs arrêts, quand ils sont revêtus des formes prescrites à peine de nullité, ne peuvent être cassés que pour contravention expresse à la loi. Les arrêts qui ne sont pas rendus par le nombre de juges prescrit ou qui ont été rendus par des juges qui n'ont pas assisté à toutes les audiences de la cause, ou qui n'ont pas été rendus publiquement, ou qui ne contiennent pas les motifs, sont nuls. La connaissance du fond est toujours renvoyée à une autre cour royale. » En dehors de ces cas où la cassation est certainement possible, que faut-il décider pour la

violation des formes dans les jugements? La jurisprudence et la doctrine sont à peu près fixées pour reconnaître qu'il faut encore ici distinguer entre les formalités
substantielles et non substantielles, et admettre le pourvoi seulement pour inobservation des premières. Mais
la divergence commence dès qu'il s'agit de déterminer
ce qui est substantiel. Les difficultés qui s'élèvent sur
ce point sont innombrables et extrêmement sérieuses ;
je vais donner quelques exemples seulement, en prévenant que la plupart de mes solutions sont controversées.
Je considère que le jugement doit mentionner à peine
de nullité : 1° les noms des juges ; 2° la présence du
ministère public, qu'il ait été entendu ou non ; 3° celle
du greffier ; 4° les noms des avoués ; 5° la désignation
des parties ; 6° leurs conclusions.

Quant à l'exposition sommaire des points de fait
et de droit, le plus souvent elle ne sera pas indispensable, les motifs la suppléeront. La date des jugements
n'est exigée par aucune loi ; sans doute, l'omission de
cette formalité peut faciliter des fraudes, mais, dans le
silence du législateur, il me paraît difficile d'en faire
une ouverture de cassation. Tout ce que je viens de dire
n'est vrai qu'en cas d'omission absolue d'une formalité
substantielle : la mention inexacte, incomplète, peut entraîner ou non la nullité du jugement, selon que le vœu
de la loi aura été plus ou moins pleinement accompli ;
c'est une question d'espèce.

Je me résume : il y a des formalités prescrites à peine
de nullité ; il en est d'autres auxquelles la loi n'a pas
jugé convenable d'attacher cette sanction. L'omission
des premières donne nécessairement ouverture à cassation, sauf les cas de requête civile que nous allons voir ;

il n'en est point ainsi des secondes, si ce n'est lorsqu'elles ont quelque chose de substantiel.

La distinction que je viens d'établir ne suffit pas encore
pour déterminer les cas où la cassation est possible pour
violation des formes; l'art. 480 2° C. Pr. c. en nécessite
une autre. Ce texte, reproduisant en cela le règlement de
1667, permet la requête civile contre les décisions en
dernier ressort, dans lesquelles les formes prescrites à
peine de nullité ont été violées soit avant, soit lors des
jugements, pourvu que la nullité n'ait pas été couverte
par les parties. Il faut se demander en présence de cette
disposition, quelle est la sphère d'application respective
de la requête civile et du recours en cassation. D'abord
la requête civile n'est possible que pour violation des
formes prescrites à peine de nullité; quand il s'agira
donc de formalités simplement substantielles, le pourvoi en cassation sera toujours nécessaire pour anéantir
la sentence. En second lieu, dans les cas énumérés
par la loi de 1810 (art. 7), le doute n'existe pas davantage, la disposition finale de l'article, ordonnant le renvoi devant une autre cour, prouve évidemment que le
législateur n'avait pas en vue la requête civile.

En dehors de ces hypothèses, quand il s'agit de violation ou d'inobservation de formes prescrites à peine
de nullité, doit-on porter sa demande devant le tribunal
qui a connu de l'affaire ou devant la cour suprême?
Une première règle à poser, c'est qu'on n'a pas le choix
entre ces deux voies de recours; l'art. 24, tit. IV,
1re partie du règlement de 1738 le dit déjà; la requête
civile qui soumet la décision aux mêmes juges, doit,
comme plus conforme au respect qu'on leur doit, être
préférée à la cassation qui inculpe leur capacité.

La question de savoir où on doit porter son recours est cependant fort importante pour les parties; la loi ne donne qu'un seul et même délai pour former une requête civile et pour se pourvoir en cassation; on est donc exposé à perdre les deux recours si l'un d'eux est mal dirigé, et si l'on n'est plus dans les délais pour user de l'autre. Plusieurs solutions ont été proposées et tour à tour adoptées par la jurisprudence; elle n'est pas absolument fixée, et les parties prudentes feront bien d'user des deux voies à la fois et d'attendre l'issue de l'une des instances pour suivre l'autre.

Parmi les auteurs, les uns ont distingué suivant que l'inobservation des formes avait été invoquée devant le juge du fond ou ne l'avait pas été; dans le premier cas, il y a lieu de se pourvoir en cassation; il serait en effet bien inutile de demander au tribunal de revenir sur sa décision; dans le second, au contraire, on demande par requête civile la rétractation du jugement aux magistrats qui l'ont rendu. Cette distinction est fort sage; elle était déjà faite dans notre ancien droit, où la même antinomie apparente existait entre l'ordonnance de 1667, tit. 35, art. 34, et le règlement de 1738.

D'autres jurisconsultes ont voulu soumettre à la révision des juges de l'affaire les vices de formes imputables aux parties et déférer à la juridiction la plus élevée ceux qui proviennent de la faute des juges eux-mêmes; ce qui est fort rationnel. L'article 7 de la loi de 1810 a appliqué seulement ce système à quelques hypothèses. Cass. 19 décembre 1831, S. 31, 1, 216.

Enfin, dans une troisième opinion à laquelle je me rattache, et qui se base sur l'art. 4 du décret de germinal an II, on combine les deux solutions précédentes :

si le vice de formes provient du fait des parties et n'a pas été invoqué devant le juge du fond ; en un mot, si la violation de la loi n'est pas volontaire, la voie de la requête civile est ouverte ; dans tous les autres cas, on ne pourra que se pourvoir en cassation. Cass., 19 juillet 1809, S. 14, 1. 160 ; 22 mai 1816, S. 16, 1, 280. La même distinction doit être faite en ce qui touche le défaut de communication au ministre public.

Quel que soit du reste le système qu'on adopte, les cas de requête civile pour violation des formes prescrites à peine de nullité seront assez rares ; car ces nullités, si elles existent avant le jugement, seront souvent de nature à être couvertes pour n'avoir pas été proposées devant les juges du fond.

Il resterait maintenant à rechercher comment on prouvera l'observation ou l'inobservation des formes ; j'indique ici seulement la règle : on ne pourra invoquer que le procès-verbal d'audience, et les formalités qui n'y seront pas mentionnées devront être considérées comme omises. Je reviendrai d'ailleurs sur ce point à la fin de cette section.

II. *Incompétence ou excès de pouvoir.* — La Cour de cassation est le suprême régulateur des juridictions ; elle doit en conséquence pouvoir casser les décisions rendues par des juges incompétents ou ayant excédé leurs pouvoirs. Ce droit lui est reconnu par l'art. 2 du décret organique du 1ᵉʳ décembre 1790 et par les articles 77, 80, 88 de la loi du 27 ventose an VIII.

Au premier abord ces deux expressions : incompétence et excès de pouvoir, semblent synonymes ; et en effet, quand un tribunal connaît d'un litige que la loi attribue à d'autres juges, il excède évidemment ses pouvoirs, et à l'inverse quand un juge excède ses pouvoirs, il n'est plus compétent. Il faut cependant donner un sens distinct à ces deux mots: nous savons que c'est pour excès de pouvoir seulement, et non pour incompétence, que la loi permet d'attaquer les décisions des juges de paix, art. 15 de la loi du 25 mai 1838, qu'elle donne au gouvernement le droit de déférer à la Cour de cassation les actes des juges, art. 80 de la loi du 27 ventôse an VIII. Quelle différence existe donc entre ces deux expressions que l'usage confond si souvent? Je la trouve parfaitement indiquée dans un discours du garde des sceaux à propos de la loi du 25 mai 1838 sur les juges de paix : « Quant aux excès de pouvoir, ils consistent, non dans les actes par lesquels le juge de paix aurait empiété sur les attributions d'une autre juridiction (ce serait l'incompétence), mais dans ceux par lesquels il aurait fait ce qui ne serait permis à aucune juridiction établie, comme par exemple s'il avait disposé par voie de disposition réglementaire, fait un statut de police, taxé des denrées, défendu l'exécution d'une loi, d'un jugement, contrarié des mesures prises par l'administration. Dans ces circonstances toujours rares, mais importantes, l'ordre général est troublé, l'annulation de l'acte illégal ne peut être demandée à une autorité trop élevée. » *Moniteur* du 12 mai 1837. Nous généraliserons ce que le ministre de la justice n'appliquait qu'aux juges de paix et nous dirons qu'il y a excès de pouvoir toutes les fois que le magistrat s'arroge un droit qui n'appartient à aucun juge, incompétence quand l'empiétement a lieu sur les attributions d'une autre autorité judiciaire.

L'excès de pouvoir est toujours une ouverture de cassation, il n'en est pas de même de l'incompétence, il faut distinguer à cet égard l'incompétence *ratione personæ* et l'incompétence *ratione materiæ*. L'incompétence *ratione personæ* ne donnera lieu à cassation que si les parties n'y ont pas renoncé, et aux termes de l'art. 169 C. Pr. c., cette renonciation est présumée toutes les fois que l'exception n'a pas été invoquée *in limine litis*. Pour qu'elle puisse être une ouverture à cassation, il faut donc supposer : ou que l'arrêt attaqué est par défaut, ou que l'exception d'incompétence à raison de la personne a été vainement alléguée devant le tribunal et devant la cour; et pour ce dernier cas on pourrait très-bien considérer l'ouverture de cassation comme résultant, non pas de l'incompétence, mais de la violation de la loi, quant au fond, par les magistats. L'incompétence *ratione materiæ*, au contraire, ne tient pas à des intérêts purement privés, mais à des intérêts publics, à l'organisation générale des juridictions. L'art. 170, C. Pr. c., permet non-seulement de l'invoquer en tout état de cause, mais ordonne même au tribunal de la prononcer d'office; elle sera donc toujours une cause de cassation, quand bien même elle n'aurait pas été invoquée devant les juges du fond.

III. — *Contrariété d'arrêts ou de jugements en dernier ressort.* — C'était déjà une ouverture à cassation, aux termes de l'art. 1, tit. VII, 1re partie du règlement de 1738. Le Code de Procédure civile a établi une distinction. D'après l'art. 480 6°, il y a lieu à requête civile quand deux jugements contraires en dernier ressort ont été rendus dans la même cause, entre les mêmes parties, sur les mêmes moyens, et par les mêmes cours ou tribunaux. Si la dernière de ces conditions vient à manquer, il y a lieu, non plus à la requête civile, mais au pourvoi en Cassation. L'art. 504, C. Pr. c., le décide formellement. Il pourrait même arriver qu'on fût obligé de recourir à la Cour de cassation pour contrariété de jugements rendus par la même our ou le même tribunal. Cela se présentera si, lors du second jugement, le défendeur a opposé l'exception de chose jugée, et que le tribunal ait néanmoins passé outre. La voie de la requête civile, qui permet au tribunal de corriger une erreur involontaire, ne peut évidemment pas être admise dans cette hypothèse ; on n'aura d'autre ressource que de se pourvoir devant la Cour de cassation pour violation de la chose jugée. Art. 1351. C. civ.: Cass. 8 avril 1812 ; 21 avril 1813 ; 18 décembre 1815 ; 17 août 1841.

M. Rodière, *Compétence et Procédure civile*, I, p. 118, range la violation de la chose jugée parmi les excès de pouvoir, et en conséquence, malgré la loi de 1838, article 15, permet le recours en cassation quand deux décisions de juges de paix en dernier ressort sont contradictoires. Voici son raisonnement : aucune autorité judiciaire n'a le droit de juger contrairement à une décision inattaquable ; donc, suivant lui, le juge qui rend une sentence contraire à ce qui a déjà été jugé, commet un excès de pouvoir. Cette opinion me semble inadmissible : le motif sur lequel elle se base, s'il était vrai, conduirait beaucoup trop loin ; et en effet aucune autorité judiciaire n'a le droit de violer la loi, pas plus qu'elle n'a le droit de violer la chose jugée, et il faudrait, pour être logique, aller jusqu'à dire qu'il y aura excès de pouvoir chaque fois que la loi sera violée. *Contra :* Cass. 21 mai 1855 ; Dall. 55. 1. 440 ; 29 juillet 1869 ; Dall. 70. 1. 125.

M. Rodière lui-même n'ose pas aller jusque-là et condamne ainsi tout son système.

IV. — *Contravention expresse à la loi.* C'est, comme je l'ai dit, la seule ouverture de cassation ; les trois cas que j'ai étudiés d'abord peuvent rentrer sous cette dénomination générale. Je chercherai ici à bien préciser la ligne de démarcation entre le droit de censure de la Cour de cassation, et le pouvoir des tribunaux.

Au premier abord la règle paraît fort simple ; la cour est appelée à réprimer la violation de la loi, mais elle ne connaît pas du fond des affaires, et les décisions rendues en fait, le simple mal jugé, sont à l'abri de son contrôle : cette distinction se justifie parfaitement : le mal jugé ne froisse qu'un intérêt privé; la contravention à la loi attaque les bases de l'ordre et du repos public.

Mais, dès qu'on veut entrer dans les détails, on trouve de nombreuses et de graves difficultés sur le point de savoir dans quels cas les juges du fond ont décidé souverainement, ou au contraire quand il est possible d'obtenir la cassation de leur sentence.

Le criterium qui doit guider dans la solution de toutes ces questions me paraît ressortir du but même de l'institution que j'étudie : il faudra toujours se demander, en supposant la décision erronée, si l'unité de la jurisprudence est, oui ou non, compromise : si oui, la Cour de cassation est compétente ; si non, il n'y a qu'un mal jugé contre lequel il ne reste aucune ressource aux plaideurs qui ont épuisé les deux degrés de juridiction.

Le décret du 1er décembre 1790, art. 3, voulait, pour donner ouverture à la cassation, qu'il y eût *contravention expresse* au *texte* de la loi. Les textes postérieurs qui se sont occupés du recours en cassation, n'ont exigé pour admettre le pourvoi qu'une *contravention expresse à la loi*. C'est avec raison qu'on a abandonné la règle de 1790 : « la Cour de cassation doit faire respecter, non-seulement la lettre de la loi, mais aussi sa pensée » (M. Bonnier). Le mot *expresse*, qui existait déjà dans la loi de 1790, et qui a été reproduit depuis, a pour but d'indiquer que la cassation ne doit être prononcée qu'autant que la contravention à la loi est certaine, patente. « La disposition de la loi et celle du jugement doivent, comme le dit Tolozan, être tellement opposées qu'elles se détruisent, et ne puissent subsister ensemble. »

Il en résulte que le pourvoi en cassation n'est pas admis quand l'erreur dont on se plaint existe seulement dans les motifs, si le dispositif se justifie par d'autres considérations. Cass. 24 janvier 1824; S. 24. 1. 314; Cass. 9 janvier 1866. Dall. 66. 1. 395.

J'ajoute qu'il ne suffit pas que la loi soit précise et formelle pour que le jugement puisse être cassé ; il faut encore qu'elle soit impérative et n'investisse pas le juge d'un pouvoir discrétionnaire (art. 645, C. civ.); dans ce cas, en effet, il peut faire un fâcheux usage du pouvoir que la loi lui reconnaît, mais il ne peut la violer, et quoi qu'il fasse, le contrôle de la Cour de cassation ne peut atteindre son œuvre. Ainsi on a jugé que les règles générales d'interprétation énoncées dans les art. 1156 et suiv. C. civ., bien que devant être observées en thèse générale, ne sont pas assez impératives pour donner lieu à cassation si elles étaient violées. Cass. 18 mars 1807; Dev. II. 1. 361.

Deux mots nous restent encore à expliquer: contravention et loi. Commençons par le dernier.

Il faut entendre ici par loi non-seulement l'acte législatif qui porte ce nom, mais tout ce qui en a l'autorité directement ou indirectement. Ainsi les anciennes ordonnances dont les dispositions n'ont pas été révoquées, les décrets du premier empire contenant des dispositions législatives qui n'ont pas été annulées dans le délai voulu par le Sénat conservateur, les actes émanés du Gouvernement provisoire de 1848, les décrets rendus pendant la période dictatoriale en 1852, les décrets de la Défense nationale non annulés par l'Assemblée actuelle, les décrets du pouvoir exécutif, ainsi que les arrêtés des préfets et des maires lorsqu'ils sont restés dans les limites de leur compétence.

Quant aux lois romaines et aux coutumes, pour toutes les matières régies par le Code civil, elles ont été abrogées par la loi du 30 ventôse an XII, art. 7: leur violation ne fournirait donc matière à cassation que s'il s'agissait d'actes passés sous leur empire, par application de la règle de la non-rétroactivité des lois.

La Cour de cassation n'étant pas instituée pour procurer l'application exacte des lois étrangères, leur violation ne saurait servir de fondement à un pourvoi, à moins que le juge n'ait appliqué à un étranger une loi française dans un cas régi par le statut personnel; il y aurait alors possibilité de recours en cassation, non pas pour violation de la loi étrangère, mais pour contravention à l'art. 3, C. civ. — Cass. 13 avril 1861; Dall. 61. 1. 421; 25 juin 1863; Dall. 63. 1. 313.

On ne peut se pourvoir en principe contre la violation d'un usage plus ou moins ancien; cet usage, serait-il consacré par la jurisprudence, ne peut équivaloir à une loi, et encore moins prévaloir sur elle ; il faut cependant excepter de cette règle les usages commerciaux qui sont devenus de véritables textes législatifs depuis la loi des 13-20 juin 1866. En matière de servitudes, de baux, les usages font aussi la loi des parties dans les cas déterminés par le Code ; mais alors les juges du fond ont une compétence souveraine pour apprécier l'existence de ces usages qui reposent sur une série d'actes analogues, et par suite la reconnaissance qu'ils en ont faite dans leur sentence, ne peut donner ouverture à cassation. Cass., 23 février 1814 ; S., 16, 1, 395.

La violation de la jurisprudence la plus constante, et des maximes de droit qui en dérivent, ne peut non plus servir de base à un pourvoi en cassation. (Cass., 23 septembre 1839 ; S., 39, 1, 803.) Les magistrats n'ont jamais été obligés de conformer leurs décisions à la jurisprudence ; c'est seulement, comme le droit romain, un guide, une raison écrite. Il faut pourtant excepter le cas où, conformément à la loi du 1er avril 1837, une Cour de renvoi est obligée de se conformer à la doctrine d'un arrêt des chambres réunies de la Cour de cassation ; mais cette nécessité n'existe que pour l'affaire en litige, et non pour toute autre, présentât-elle à juger la même question.

Il y a contravention à la loi quand on a fait ce qu'elle défend ou qu'on n'a pas fait ce qu'elle ordonne ; il n'y a pas de difficulté en cas de violation formelle ; mais il peut arriver, et il arrive souvent, que les juges appliquent faussement la loi ou l'interprètent mal ; dans ces deux cas, permettrons-nous le recours en cassation ? Les pourvois et les arrêts de la chambre civile mentionnent très-souvent la fausse application de la loi parmi les ouvertures de cassation.

Cette doctrine me semble trop absolue; le plus souvent, il est vrai, en appliquant mal une loi, on en viole une autre qui eût dû être appliquée, et cette violation ouvre le recours en cassation ; mais, comme le dit Merlin, *Quest. de droit* (V. Cassation, § 48), si la fausse application d'une loi n'est qu'un mauvais raisonnement, un mal jugé ou même une superfétation, sans entraîner avec elle une violation de la loi, elle ne peut donner ouverture à cassation; la contravention n'est pas assez expresse. C'est par la même raison que nous avons admis que la violation de la loi devait se trouver dans le dispositif, et non dans les motifs du jugement. Les art. 410 et 411, C. I. cr., appliquent ce système en matière criminelle.

La fausse interprétation de la loi ne donnait pas, en général, matière à cassation dans notre ancienne jurisprudence, et cependant les auteurs reconnaissaient déjà qu'il était bien difficile de distinguer la fausse interprétation de la violation d'une loi. (Henrion de Pansey, *Autorité judiciaire*, t. II, p. 241.) La Cour de cassation, au contraire, destinée à prévenir la diversité de jurisprudence, a toujours pensé que la fausse interprétation de la loi devait être un moyen de cassation, et n'a jamais admis, comme l'ancien Conseil, qu'elle devait casser seulement lorsqu'il avait été dans l'intention du juge de mépriser la loi, de contrevenir expressément à son texte. La plupart des auteurs qui ont écrit sur la matière, professent la même doctrine. « La loi, dit M. Carré (*Org. et Comp.*, 2ᵉ partie, liv. III, tit. 7, t. II, p. 780), n'existe que dans la volonté du législateur. Cette vo-

lonté, une fois reconnue, le magistrat n'a point à s'occuper du sens strict et grammatical des termes, et il
serait impossible de maintenir l'uniformité de législation si des décisions judiciaires interprétatives d'un
texte de loi pouvaient échapper à la censure de la Cour
de cassation. »

Enfin une application trop scrupuleuse de la loi ne
peut jamais servir de moyens de cassation. L'avis du
Conseil d'Etat du 18 janvier 1806 l'a très-bien démontré :
« Un arrêt de la Cour de cassation qui détruirait un
jugement pour être trop littéralement conforme au texte
de la loi, offrirait dans l'ordre judiciaire un scandale,
dont, il faut l'espérer, nous ne serons jamais témoins. »

Ces quelques principes, en y ajoutant la règle que la
Cour de cassation ne connaît pas du fond des affaires,
suffiraient pour résoudre toutes les difficultés, si les tribunaux n'avaient à juger que de pures questions de
droit ; mais souvent le fait et le droit sont intimement
liés ensemble, et il convient d'entrer dans de plus amples développements.

« Toutes les contestations des parties sont de deux
sortes ; car on ne peut contester que de deux choses
l'une : ou la vérité du fait, ou les conséquences qu'on en
tire. On appelle questions de fait, celles où il s'agit de
faire connaître la vérité des faits, et on appelle questions
de droit, celles où il s'agit du raisonnement sur les faits
dont on convient, pour en tirer les conséquences qui
peuvent servir au droit des parties. » (Domat, *Droit public*, liv. IV.)

« La juridiction de la Cour de cassation diffère essentiellement de celle qu'exercent les tribunaux qui lui sont
subordonnés ; et, en effet, la juridiction, comme on sait,

est le pouvoir de juger. Or, juger c'est examiner un fait, c'est l'apprécier en lui-même et par ses circonstances, afin d'affirmer, en le comparant à la loi, qu'il est ou n'est pas susceptible de l'application de telles dispositions qu'elle renferme. La décision résultant de ce double examen du fait et de la loi constitue le jugement, c'est-à-dire la déclaration que la loi approuve ou rejette la réclamation fondée sur ce fait. Ce n'est qu'aux autorités judiciaires, subordonnées au pouvoir régulateur, qu'il appartient de statuer à la fois sur le fait et sur le droit... La Cour de cassation n'a point à s'occuper de la question de savoir si les juges se sont trompés, en affirmant que tel fait sur lequel ils sont appelés à prononcer existe ou n'existe pas, si telle circonstance qui l'accompagne n'a pas été prise en considération, ou si telle autre qui ne s'y joignait pas y a été mal à propos rattachée. Ce sont là autant de questions sur lesquelles les tribunaux prononcent, mais qui ne peuvent appartenir à la juridiction de la Cour de cassation. En effet, pour les résoudre, les premiers juges n'ont eu ni à interpréter, ni à appliquer aucunes dispositions législatives... De l'injustice ou de l'erreur du jugement qui prononce sur les faits, il ne peut résulter qu'un préjudice particulier pour l'une ou l'autre des parties, et la Cour de cassation n'a pas été instituée pour remédier aux injustices qui n'ont pour résultat que la lésion des intérêts privés. » (Carré, *Org. et Comp.*, 2ᵉ partie, liv. III, tit. 7, t. II, p. 770.)

Le jurisconsulte Macer avait déjà très-bien distingué en droit romain le cas où il y a nullité du jugement, ce qui correspond à la cassation, de l'hypothèse où l'on doit recourir à l'appel pour obtenir la réformation du ju-

gement : « Item cum contra sacras constitutiones judi-
« catur, appellationis necessitas remittitur. Contra con-
« stitutiones autem judicatur, cum de jure constitutio-
« nis, non de jure litigatoris, pronuntiatur. Nam si judex
« volenti se ex cura muneris vel tutelæ, beneficio libe-
« rorum, vel ætatis, aut privilegii excusare, dixerit *ne-*
« *que filios, neque ætatem, neque ullum privilegium ad mu-*
« *neris vel tutelæ excusationem prodesse*, de jure constituto
« pronuntiasse intelligitur. Quod si de jure suo proban-
« tem admiserit, sed idcirco contra eum sententiam
« dixerit, quod negaverit *cum de ætate sua aut numero*
« *liberorum probasse*, de jure litigatoris pronuntiasse in-
« telligitur : quo casu appellatio necessaria est. » L. 2,
§ 2, D. *Quæ sent. sine app.* (49, 8).

Pour montrer d'une façon bien nette, en droit français, le point où s'arrête le droit des tribunaux de juger
souverainement, et où commence celui de la Cour de
cassation, je remarque, avec M. Bonnier (*Eléments d'or-
ganis. judic.*, n° 251), que les diverses questions que
soulève un procès, peuvent se grouper sous les trois
titres suivants : 1° Tels faits existent-ils oui ou non ?
2° Les faits reconnus vrais, quel est leur rapport avec
les dispositions de la loi ? Comment faut-il les qualifier ?
En résulte-t il une vente, une donation, un prêt, etc...?
3° Quelles conséquences doit entraîner pour les faits bien
qualifiés l'application de la loi ?

I. Existence des faits. Du moment qu'on a admis
que la Cour de cassation n'est pas un troisième degré
de juridiction, il faut nécessairement reconnaître que la
Cour de cassation n'a pas à rechercher si les faits sont
vrais ou faux, que les magistrats des cours et des tribu-

naux seuls ont le droit de trancher souverainement cette question. Ainsi on a rejeté le pourvoi formé contre des arrêts qui décidaient : qu'il y avait eu impossibilité physique de cohabitation entre deux époux. (Cass. 25 janvier 31; Dall., 31, 1, 112); qu'un testament olographe n'avait pas été écrit par le testateur auquel ce testament était attribué. (Cass., 20 mars 1827; D., 27, 1, 177.)

La jurisprudence de la Cour de cassation va plus loin, et avec raison, suivant moi; elle admet que les décisions des tribunaux sont souveraines pour attribuer à un fait un certain caractère moral. Je cite comme exemples celles qui décident : qu'un contrat est entaché de simulation (Cass., 26 pluviôse an X, et 1er juin 1826. Dev. I. 1. 756; VIII. 1. 352); que la possession d'une partie a eu lieu à titre précaire ou à titre de propriétaire (Cass., 1er juin 1824. Dev. VII, 1. 472); que les faits prouvés par la femme constituent des faits suffisamment graves pour motiver une séparation de corps. (Cass., 16 novembre 1825; Dev. VIII. 1. 213; 11 janvier 1837; Dev. 37. 1. 640); qu'un acquéreur a juste sujet de craindre une éviction (Cass., 29 novembre 1827. Dev. VIII, 1. 710); qu'un testament n'est pas l'œuvre de la volonté libre du testateur. (Cass., 14 novembre 1831. Dev. 31. 1. 427.)

La Cour de cassation ne peut même pas, quand la loi indique les éléments qui constituent le caractère moral d'un fait, contrôler le jugement d'un tribunal qui a déclaré que ce caractère existait ou n'existait pas. Ainsi, par exemple, l'art. 1116, C. civ., dit que le dol ne sera une cause de nullité des conventions que s'il est évident que, sans ces manœuvres, les parties n'auraient pas contracté. C'est là une question qui rentre exclusivement dans les attributions des juges du fond. (Cass., 5 décembre 1838. Dev. 38. 1. 951; 2 décembre 1840; Dev. 40. 1. 437; 22 décembre 1841. P. 43. 1. 160.) De même encore la possession d'état résulte de certains faits énoncés dans l'art. 331, C. civ.: l'appréciation de ces circonstances appartient exclusivement aux juges du fait; la Cour de cassation n'a point à s'en occuper; car la loi ne peut recevoir aucune atteinte de décisions qui résultent du raisonnement ou de la conviction, et non de l'application de la loi.

Mais si les tribunaux ont le droit de statuer souverainement sur l'existence des faits, ils ne peuvent cependant former leur conviction qu'en se conformant aux règles de la preuve. Ainsi, un arrêt serait cassé pour avoir reconnu, à tort, la vérité d'un fait, si la loi défendait la reconnaissance de ce fait. Ex., une paternité naturelle, puisque l'art. 340, C. civ., défend la recherche de la paternité. De même, je suppose que le tribunal ait jugé contrairement à un acte authentique non argué de faux (art. 1317, C. civ.); ou à un acte sous-seing privé reconnu (art. 1322, C. civ.); dans ces hypothèses, la décision sera cassée, non pas précisément comme ayant déclaré faux des faits vrais, mais comme ayant refusé d'attacher à un acte authentique la force que la loi même y attache. (Cass., 16 février 1813; Dev. IV. 1. 286; 22 mai 1815; Dev. V. 1. 56; 10 janvier 1826; Dev. VIII. 1. 235 et autres.)

Si un arrêt attribue l'effet d'un commencement de preuve par écrit à une pièce émanée de la personne contre laquelle la preuve testimoniale est demandée, la Cour de cassation n'a pas à examiner si la décision attaquée a bien ou mal apprécié les inductions résultant de cette pièce. (Cass., 30 avril 1807. Dev. II. 1. 381); mais il y aurait ouverture à cassation si cette décision avait pris pour commencement de preuve par écrit un acte qui ne serait pas émané de celui contre lequel la demande est formée, parce qu'alors l'art. 1347, C. civ., serait violé.

Ces exemples suffisent pour bien faire comprendre la règle, et je ne les multiplierais pas davantage, si un auteur considérable ne me paraissait avoir méconnu cette règle dans une de ses applications.

Quand un arrêt tient un fait pour constant, en se fondant sur des présomptions dans une matière où la preuve testimoniale n'est pas admissible, il peut être déféré à la Cour de cassation; c'est un point incontestable et incontesté; mais, dans le cas au contraire, où la preuve testimoniale est possible, l'arrêt qui décide d'après des présomptions, peut-il être cassé par la Cour suprême, sous prétexte que les présomptions ne sont pas, comme le veut la loi, graves, précises et concordantes (art. 1353, C. civ.)? Je ne le crois pas. M. Carré, toutefois, est d'un avis contraire. «La loi, dit-il, subordonne aussi la faculté d'admettre des présomptions à la condition qu'elles seront graves, précises et concordantes; en cette circonstance elle leur attribue tout l'effet d'une preuve, c'est-à-dire tout l'effet d'une démonstration de la vérité. Remarquons ensuite que la loi impose aux juges en termes formels l'obligation rigoureuse de ne statuer d'après des présomptions qu'autant qu'elles auront les caractères qu'elle indique : ils ne doivent, dit-elle, admettre que des présomptions graves, précises et concordantes, *et dans les cas seulement où* la loi admet les preuves testimoniales. Les deux condi-

tions paraissent indivisibles, et, puisqu'il est sans difficulté que le recours en cassation est ouvert, lorsque
les preuves par témoins ne sont pas admissibles, il y a,
dans notre opinion, même raison de décider lorsqu'il
est maintenu que les présomptions sur lesquelles la
décision est motivée, n'ont pas les caractères auxquels
la loi attribue les effets d'une preuve. Alors, en effet,
on présente à juger s'il y a eu violation de l'art. 1353;
et comme il est impossible de résoudre la question sans
prendre connaissance des faits et circonstances, il est
de toute nécessité, pour savoir si la loi a été respectée
ou enfreinte, que la Cour de cassation examine et apprécie à son tour le point de fait. » (*Org. et comp.*, 2ᵉ part.,
liv. III, tit. 7, t. II, p. 786 et suiv.)

Malgré l'autorité qui s'attache à tout ce qui sort de
la plume de M. Carré, nous ne pouvons nous rallier à
son opinion. La loi n'a nulle part défini les conditions
suivant lesquelles les présomptions devraient être considérées comme graves, précises et concordantes; il
n'est donc pas possible de la violer : c'est là une question de conviction qu'elle a dû nécessairement abandonner à la conscience des juges du fait. D'ailleurs,
la théorie de M. Carré me paraît en opposition formelle
avec ces mots de l'art. 1353, C. civ.: « Les présomptions
sont abandonnées aux lumières et à la prudence du
magistrat. » L'opinion que je défends est du reste adoptée par la jurisprudence et les auteurs. Cass., 11 novembre 1806; Dev. II. 1. 307; 21 mars 1808. Dev. II.
1. 503; 27 avril 1830. Dev. IX. 1. 504. — Merlin. *Prép.*,
vº Billet, § 1, tom. XVI, p. 110; Bonceune. *Introduction*,
ch. XVII, p. 505.

Donc, en résumé, sur ce premier point, nous dirons

que les magistrats des tribunaux et des cours d'appel ont le droit d'apprécier souverainement et sans aucun contrôle l'exactitude et le caractère moral des faits, pourvu toutefois qu'ils ne violent pas les lois de la preuve.

II. Les divers éléments de la cause une fois vérifiés, il faut voir dans quelle classe d'actes on doit faire rentrer le fait, en un mot, comment on doit le qualifier. Résulte-t-il des débats qu'on a affaire à une vente, à une donation, à un dépôt, à une substitution ? Ce n'est pas là évidemment une décision de pur fait abandonnée à l'appréciation suprême des juges du fond; la Cour de cassation a le droit d'intervenir pour voir s'ils ne violent pas la loi. Sans ce contrôle, les juges inférieurs pourraient éluder les dispositions les plus formelles de la loi, par exemple, valider les substitutions prohibées, en en méconnaissant les caractères, alors qu'ils se manifestent clairement dans les faits établis par le jugement. L'arrêt Delorme, du 26 juillet 1823, S. 23. 1. 378, proclame : « Que la Cour de cassation a le droit d'apprécier le mérite des arrêts des cours et des tribunaux, lorsque ces arrêts déterminent le caractère des contrats dans leur rapport avec les lois qui en assurent la validité; qu'il serait contraire au but de son institution qu'elle dût s'abstenir d'annuler ces arrêts, lorsque, ayant donné de fausses qualifications aux contrats et les ayant placés dans une classe à laquelle ils ne devaient pas appartenir, ils les auraient affranchis des règles spéciales auxquelles ils étaient soumis, ou les auraient soumis à des règles qui ne pouvaient leur être appliquées. »

III. Quand le juge a vérifié les faits, qu'il a qualifié légalement l'acte qui en résulte, il n'a plus qu'à tirer

les conséquences juridiques de cet acte : c'est là une
pure question de droit, que, sans s'immiscer nullement
dans le fond de l'affaire, la Cour de cassation a le
pouvoir de réviser. Ainsi, l'arrêt qui attribuerait à un
louage l'effet d'une vente; à un dépôt l'effet d'un prêt;
à un acte onéreux l'effet d'un acte gratuit, ou récipro-
quement, serait susceptible d'être annulé par voie de
cassation. Cass., 27 novembre 1832. S. 33. 1. 21; 6 décembre 1831. S. 32. 1. 210.

Appliquons les principes que nous venons d'exposer
au cas où la décision déférée à la Cour suprême est basée sur un contrat ou sur un acte. Quel est alors le droit
des tribunaux ? Quel est celui de la Cour de cassation ?

Parlons d'abord des contrats ; ce que nous en dirons
s'appliquera également aux jugements. La question qui
se présente à l'esprit est la suivante : la violation de ce
qu'on appelle la loi du contrat donne-t-elle ouverture
à la cassation ? La jurisprudence de la Cour n'a pas
toujours été uniforme sur ce sujet. A l'origine elle admettait l'affirmative, c'est-à-dire qu'elle cassait toutes les
fois qu'il était clair que la volonté des parties contrac-
tantes avait été enfreinte : on s'appuyait sur la loi 23. D.
de regulis juris (50. 17), « *legem enim contractus dedit,* »
dont le principe était appliqué, aussi bien en pays coutumier qu'en pays de droit écrit, comme toute la théorie générale des conventions. (Cass. 26 pluviôse, an XI. Dev. I. 1.
757.) Cette opinion parut pleinement confirmée par
l'art. 1134, C. civ.: « Les conventions légalement formées, tiennent lieu de lois à ceux qui les ont faites. »

Quelques années plus tard, intervint la loi du 16 septembre 1807, qui, comme nous aurons l'occasion de le
voir plus loin, permettait à la Cour de cassation, après

un second pourvoi, et lui ordonnait après le troisième
pourvoi, de demander au gouvernement l'interprétation de la loi. Peu de temps après la promulgation de cette loi, la jurisprudence de la Cour suprême
sur la question qui nous occupe, prit une tout autre
direction. Voici dans quelles circonstances : les caractères
qui distinguent la société en commandite de la société
collective et ordinaire n'étaient pas encore déterminés
dans la loi ; ils n'étaient fixés que par l'usage. Le
28 mai 1806, la Cour de cassation cassa un arrêt de la
Cour de Bruxelles, par le motif qu'il avait dénaturé un
contrat, en déclarant société en commandite une société
générale et ordinaire. L'affaire fut renvoyée à la Cour
de Douai, qui jugea comme celle de Bruxelles. On n'en
reféra pas au gouvernement ; l'affaire fut portée aux
sections réunies, le 2 février 1808, qui rejetèrent le
pourvoi par le motif que la Cour de Douai s'était déterminée d'après l'interprétation des clauses de contrat, et
que, par cette interprétion qui était dans ses attributions,
elle n'avait violé aucune loi.

Dans le réquisitoire qui précéda cet arrêt, Merlin
(Rép. v. Société, sect. II, § 3, art. 2), fit valoir la considération suivante : « La loi du 16 septembre 1807, disait-il,
nous paraît nécessiter une distinction importante ; ou il
existe une loi qui détermine l'essence du contrat violé
dans son existence même, ou il n'existe pas de loi semblable. Au premier cas, nul doute que la violation du
contrat ne doive encore aujourd'hui, comme avant la loi
de 1807, entraîner la cassation d'un jugement en dernier
ressort..... Mais, lorsqu'il n'existe pas de loi qui détermine l'essence du contrat, que l'on accuse un jugement
en dernier ressort d'avoir dénaturé, qu'arriverait-il si,

trouvant l'accusation fondée, vous cassiez ce jugement?
Sans contredit, le tribunal auquel vous renverriez le fond,
pourrait rendre un jugement conforme à celui que vous
auriez déjà cassé, et si vous cassiez encore ce jugement,
le tribunal que vous appelleriez pour la troisième fois à
statuer sur le fond, aurait le même pouvoir. Mais alors
la loi du 16 septembre 1807 vous ferait un devoir d'en
référer au gouvernement pour obtenir un décret déclaratoire de la loi. Et quel décret le gouvernement pour-
rait-il rendre sur votre référé? Un décret déclaratoire de
la loi suppose une loi préexistante; il ne peut donc pas
avoir lieu à un décret pareil sur une matière qu'aucune
loi n'a encore réglée; il ne pourrait donc y avoir lieu
sur cette matière qu'à une loi nouvelle, et l'on sent assez
qu'une loi nouvelle ne pourrait motiver la cassation d'un
jugement antérieur. »

Sans attacher à l'argument de Merlin plus de valeur
qu'il n'en mérite, je crois exacte la doctrine qu'il pro-
fessait. En conséquence, pour savoir si un jugement qui
interprète une convention est ou n'est pas soumis à la
censure de la Cour de cassation, je distingue, d'une
part, les contrats dont la loi ou la doctrine a défini les
caractères essentiels : la vente, le louage, le dépôt, le
prêt, etc., et d'un autre côté ces mille conventions in-
nommées dont les conditions et les effets sont absolument abandonnés à la seule volonté des contractants.
Pour ces dernières il n'y aura matière à cassation que
dans un seul cas : c'est quand les juges en auront reconnu la validité, malgré l'absence des conditions générales des conventions auxquelles les soumet l'art. 1107,
C. civ. Si cet article n'est pas violé, la Cour de cassation
n'a pas à intervenir, les magistrats des cours ou des tri-

bunaux pourront étendre ou restreindre les effets du contrat, comme ils le jugeront à propos ; sans doute il peut y avoir quelquefois injustice, appréciation erronée qui blesse l'intérêt privé d'un plaideur ; mais cet accident ne porte aucune atteinte à l'intégrité de la loi générale ; il n'a aucune influence sur la sécurité publique, parce que les nuances d'une espèce individuelle ne s'étendent pas en dehors du procès.

Si, au contraire, il s'agit d'un contrat de la première classe, la volonté des parties ne suffit plus pour le former ; il faut de plus la réunion des éléments que la loi ou les principes du droit désignent comme étant de son essence, c'est-à-dire sans lesquels il ne peut exister. Si l'un de ces éléments vient à manquer, et qu'une décision judiciaire n'en ait pas moins proclamé l'existence du contrat, ou qu'elle n'ait proclamé son existence qu'en errant sur l'un de ces éléments essentiels, la loi, car ici il y a un texte ou un principe, la loi sera violée, et, par conséquent, cette décision tombera sous le contrôle de la cour.

Depuis l'arrêt solennel de 1808, la Cour de cassation a plusieurs fois consacré cette jurisprudence.

Il faut cependant apporter une restriction à la seconde de nos règles : quand la rédaction d'un acte constatant un contrat, défini par la loi ou la doctrine, est obscure, ambiguë, les juges du fond peuvent se déterminer pour tel sens plutôt que pour tel autre, sans que leur décision puisse donner ouverture à cassation. La doctrine est d'accord avec la jurisprudence pour reconnaître aux tribunaux et aux cours d'appel le droit d'interpréter souverainement les contrats et les actes. Le système contraire fausserait le principe même de l'institution de la

Cour suprême, en la transformant en un troisième degré de juridiction. (Delangle, *Encyclopédie du droit, verbo.* Cour de cassation, nº 351. — Merlin, *Question de droit,* v. Papier-Monnaie, § 2. — Cass., 28 novembre 1831; Dev. 32, 1, 26; 30 juin 1844; Dev. 44, 1, 657.

M. Carré (*Org. et comp.,* 2ᵉ partie, liv. III, tit. vii, tome II, pag. 780 et suiv.) n'admet pas ma première règle : il croit que, quand il s'agit d'un contrat de la seconde catégorie, alors même que les règles de la théorie générale des obligations conventionnelles ne seraient pas violées, si les clauses du contrat étaient claires et manifestes, l'arrêt qui les aurait méconnues serait susceptible de cassation, comme ayant contrevenu expressément à l'art. 1134 C. civ. Je ne puis me rallier à cette doctrine, et j'en ai déjà dit la raison : quand le contrat est de ceux qui sont abandonnés absolument au caprice des parties, quelque claire que soit la teneur de l'acte, la loi ne peut avoir été violée, puisqu'il n'existe pas de loi sur ce point; la volonté des parties peut avoir été méconnue; mais les juges du fond sont souverains appréciateurs de cette volonté.

Je veux prendre dans la jurisprudence de la Cour de cassation deux exemples, qui feront bien sentir le point de vue auquel elle se place pour reconnaître la violation de la loi.

Le 8 juin 1858 (Dev. 58, 1, 417), les chambres réunies ont rendu un arrêt portant « qu'il appartient à la Cour de déterminer le caractère légal des conventions matrimoniales et d'en qualifier les clauses. » Mais, d'un autre côté, la Chambre des requêtes, dans un arrêt du 9 novembre 1856 (Dev. 57, 1, 367), déclarait d'une manière précise, « que si les pouvoirs de la Cour de cassation s'é

tendent jusqu'au droit incontestable d'examiner le régime sous lequel des époux se sont mariés, et de déterminer les caractères de ce régime, suivant les énonciations
de leur contrat de mariage. ce droit ne va pas jusqu'à
interpréter les conventions particulières énoncées audit
contrat, en tant qu'elles ne compromettent pas les caractères légaux dudit contrat ; que le droit de déterminer
la portée d'une stipulation dont le sens reste douteux,
appartient, sous cette réserve, souverainement aux cours
impériales, chargées d'interpréter les contrats suivant
l'intention des parties. »

Je choisis le second exemple en matière de novation.
L'art. 1273, en exigeant que la volonté de nover résulte
clairement de l'acte, semble assez élastique, et l'on serait
tenté de croire qu'une simple appréciation de fait ou
d'intention, abandonnée aux lumières et à la conscience
des juges, est suffisante pour déclarer qu'il y a novation dans telle ou telle hypothèse donnée : ce serait une
erreur ; la volonté de nover ne suffit pas ; il faut de
plus qu'un des trois modes énumérés dans l'art. 1271
se rencontre dans l'espèce, et la Cour de cassation a le
droit de vérifier ce dernier point. La jurisprudence de
la cour, qui avait d'abord laissé aux cours d'appel la
plus grande latitude pour savoir si un acte avait opéré
novation, paraît aujourd'hui bien fixée dans le sens que
j'indique. Voici quelques-uns des considérants d'un arrêt
de la Chambre des requêtes du 12 décembre 1866 ;
J. du P., 1868, p. 48 :

« Sur le moyen pris de l'insuffisance des présomptions dans lesquelles l'arrêt trouve la preuve complète
de la novation consentie : — Attendu qu'à ce point de
vue, l'arrêt attaqué ne saurait tomber sous la censure

de la **Cour** de cassation; qu'en effet, en matière de novation comme en toute autre matière, une ligne de démarcation nettement tranchée sépare son pouvoir de
révision du pouvoir souverain du juge du fond; que
cette ligne commence là où s'arrête le fait et où le droit
apparaît; que la loi définissant la novation et déterminant, avec ses caractères essentiels, les divers modes
par lesquels elle peut s'opérer, il est du droit et du devoir de la Cour de cassation de vérifier si, dans les contestations de la décision qui lui est déférée, ces caractères légaux et les conditions essentielles auxquelles
elle est soumise se rencontrent; mais qu'elle excéderait
sa mission et empiéterait sur le domaine du juge du
fond, en contrôlant, pour les rectifier au besoin, les faits
qu'il constate, les interprétations qu'il donne aux actes,
les conséquences qu'il en déduit et les interprétations
d'intention sur lesquelles il se fonde pour déclarer
l'existence de tous les éléments constitutifs de la novation, éléments parmi lesquels se place, au premier
ordre, la volonté de l'opérer; que ces constatations et
ces appréciations de fait et d'intention rentrent essentiellement dans le domaine souverain du juge du fond,
et ne peuvent donner ouverture à cassation; qu'il suit
de là que, sous ce rapport, l'arrêt échappe à toute critique..... Rejette. » (Voy. Antoine Duplessis, *Etude sur
la novation*, pag. 258, 260.)

Tout ce que j'ai dit jusqu'ici du pouvoir qui appartient à la Cour de cassation d'examiner si les juges du
fait, en interprétant les contrats, en ont méconnu les
caractères définis par la loi, et dénié les effets légaux,
doit être appliqué aux actes qui ne sont pas des contrats.

Ainsi la loi, ayant défini les caractères de l'interruption de prescription (art. 2243-4 C. civ.), la division des juges du fond sur ce point est soumise à la censure de la Cour. Cass. 13 avril 1826, Dev. VIII, 1, 317. De même le Code ayant déterminé les caractères de la substitution et du droit de retour, l'erreur dans la qualification est essentiellement une contravention à la loi donnant ouverture à cassation. Cass., 28 janvier 1840, Dev., 40, 1, 303.

Enfin, pour terminer ces exemples, l'appréciation des clauses d'un acte de dernière volonté n'appartient pas toujours exclusivement aux juges de fond. Il faut distinguer s'il s'agit seulement de connaître la volonté du testateur, à quelles personnes les libéralités s'adressent, quel en est l'objet, quelle en est l'étendue, les juges du fait sont souverains. Cass. 13 août 1840. Dev. 40, 1, 1002; 13 août 1851. Dev., 51, 1, 667 et 670. Mais lorsque la question est de savoir si la clause litigieuse constitue un legs particulier ou un legs universel, la loi ayant précisé les caractères de ces libéralités, l'arrêt qui tranche le procès tombe sous le contrôle de la Cour suprême. Cass. 5 mai 1852. Dev., 62, 1, 522.

Les principes que je viens d'exposer reçoivent purement et simplement leur application dans les matières de l'enregistrement. « Il est certain, dit M. Delangle, que la mission de la Cour de cassation est la même en matière fiscale que dans les autres matières, et que sans laisser prédominer ni l'intérêt du trésor, ni la tendance des parties à éviter des perceptions rigoureuses, elle doit ramener les actes à leur véritable qualification. Voici l'acte tel qu'il est constaté par une décision judiciaire : Constitue-t-il une vente, un bail, un prêt? En d'autres termes, y trouve-t-on les éléments essentiels de l'une ou de l'autre de ces conventions? La solution de cette question ne peut sortir que de la loi elle-même. En rapprochant de la loi l'acte litigieux, il devient facile d'en déterminer la nature, les caractères, les effets, et conséquemment de dire à quelle classe il appartient pour la perception de l'impôt. » *L'encyclopédie du droit*, v°. Cour de cassation, n° 376; Tarbé, p. 63. Cass., 19 novembre 1834, Dev., 35, 1. 446; 4 août 1835, Dev., 35, 1, 80.

Henrion de Pansey et Merlin (Rép, v°. Enregistrement, § 14) avaient enseigné que la Cour de cassation pouvait, comme l'ancien Conseil des parties, casser les décisions des tribunaux, non-seulement pour contravention à la loi, mais pour simple mal jugé, toutes les fois qu'il s'agissait de sauvegarder les droits du roi en matière fiscale principalement. Mais ces deux auteurs rétractèrent cette doctrine qui, en effet, était incompatible avec les principes de notre nouvelle organisation politique. V. Delangle (loc. cit.).

Je dois maintenant, pour terminer cette section déjà si longue, aborder un point que j'ai jusqu'ici laissé complètement de côté; c'est la question de savoir par quels moyens on établira la violation de la loi.

Il y a dans toute procédure trois choses qui se lient intimement et qu'il faut soigneusement distinguer : 1° les demandes nouvelles, c'est-à-dire qui élargissent la sphère du procès; 2° les moyens nouveaux qui n'agrandissent pas le litige, mais tendent seulement à arriver au même résultat par une voie différente; 3° les arguments nouveaux qui ne tendent qu'à justifier de plus en plus les moyens employés. Les demandes nou-

velles, en thèse générale, ne peuvent être formées en
appel; il ne peut pas dépendre d'un plaideur d'enlever
à son adversaire le bénéfice des deux degrés de juridiction. A plus forte raison on ne doit pas permettre d'en
former devant la Cour de cassation dont la mission est
de juger, non pas les procès, mais les jugements.

Les moyens nouveaux sont toujours admis en appel,
mais défendus en règle devant la Cour de cassation ;
je préciserai tout à l'heure. Enfin les arguments nouveaux n'ayant d'autre but que d'aplanir les aspérités de
la voie qu'on s'est déjà tracée, sont admissibles en tout
état de cause, partout et toujours.

Revenons aux moyens nouveaux. La Cour suprême,
qui ne peut connaître du fond de l'affaire, considère
comme tels tous ceux qui ne ressortent pas expressément du texte de la décision attaquée. Cass., 8 août 1837.
S. 37. 1. 957. En vain en serait-il fait mention dans les
écrits signifiés, ils ne pourront être invoqués devant la
Cour de cassation, si le jugement ne les relate pas ; on
a pu les abandonner dans la plaidoirie, et d'ailleurs,
comment reprocher aux juges d'avoir violé une loi dont
on ne les a pas mis à même de faire l'application.
Art. 4 de la loi du 4 germinal an II.

Cette règle n'est pourtant pas absolue ; elle souffre
exception toutes les fois que les moyens non invoqués
devant les tribunaux ou les Cours d'appel intéressent
l'ordre public, toutes les fois que les juges auraient dû
les suppléer d'office ; alors véritablement il y a violation
de la loi et matière à cassation. « Non dubitandum est, »
disait la loi romaine, « judicem si quid a litigatoribus
« vel ab iis qui negotiis adsistunt, minus fuerit dictum,
« id supplere et proferre, quod sciat legibus et jure

« publico convenire. L. unic. C. J. *Ut quæ desunt advo-*
« catis (2. 11). » Mais la Cour suprême, en vertu du
principe même de son institution, ne peut se livrer à
des enquêtes, ni consulter de simples présomptions : les
moyens nouveaux, même intéressant l'ordre public, ne
pourront donc être employés pour la première fois
devant elle que s'ils résultent de faits manifestes et
incontestables. Merlin. Quest. de droit, v. Cassation
§ 36, II.

CHAPITRE II.

Procédure et effets

SECTION I.

Formation du pourvoi.

Les lois qui ont organisé la Cour de cassation ne se
sont pas occupées de la procédure, et l'art. 28 du décret
organique du 27 novembre 1790 porte qu'on suivra les
formes de procéder au Conseil des parties provisoirement, jusqu'à ce qu'il en ait été statué autrement. Le
provisoire dure encore. Il faut donc nous reporter au
règlement du 28 juin 1838, dû au travail et à la science du
chancelier d'Aguesseau, règlement dont Tolozan, en
1786, a publié un commentaire en quelque sorte officiel.

Cette ordonnance réalisa un véritable progrès dans la
législation d'alors, simplifia la procédure, abrégea les
délais, diminua les incidents et procura ainsi aux plaideurs une économie considérable de temps et d'argent.

« *Mais la loi, ainsi que la beauté, est sujette à vieillir* » (Dareau) ; le règlement de 1738, excellent autrefois, n'est plus en harmonie avec les principes nouveaux de la procédure civile ; il en résulte l'inapplicabilité d'un grand nombre de ses dispositions qui ne sont plus qu'un obstacle à la facilité des recherches, puisque, au milieu d'elles, se trouvent confondus des textes demeurés en vigueur. Cependant la jurisprudence a comblé bien des lacunes, et il faut avouer que les difficultés sur ce point sont plus apparentes que réelles.

La procédure commence par le dépôt au greffe d'une requête adressée aux magistrats, en forme de vu d'arrêt, contenant les moyens de cassation et signé par un avocat à la Cour, art. 1, tit. IV, 1re partie du règlement de 1738. La signature de l'avocat est une condition essentielle pour la réception de la requête ; en sont seulement dispensés le ministère public et les préfets plaidant en matière domaniale.

La requête doit contenir l'indication des parties, celle du jugement, les moyens de cassation, et des conclusions à fin de cassation, de restitution des amendes, etc.

L'indication des parties et du jugement attaqué peut être incomplète parce que l'expédition de l'arrêt qui, comme nous le verrons, accompagne la requête, en contient une désignation suffisante ; mais les moyens de cassation doivent y être absolument mentionnés ; toutefois, en pratique, la requête contient seulement l'exposé sommaire des moyens ; ils sont développés plus tard dans un mémoire ampliatif qui peut être déposé même après les délais.

En même temps que la requête, doivent être déposées : 1° les pièces énoncées dans le pourvoi, mais ce n'est pas prescrit à peine de nullité ; 2° la copie signifiée ou une expédition en forme de la décision attaquée ; 3° la quittance du receveur attestant la consignation d'une amende de 150 fr. ou 75 en principal, suivant qu'il s'agit d'un jugement contradictoire ou par défaut. Le dépôt de ces deux dernières pièces est exigé à peine de nullité du pourvoi (art. 4 et 5, eod. tit.).

La partie qui ne peut consigner l'amende doit, ou bien s'adresser au bureau de l'assistance judiciaire près la Cour de cassation, ou bien remplacer la quittance de consignation par un certificat d'indigence délivré par le maire et approuvé par le préfet.

La nécessité de consigner une amende est fort ancienne ; elle fut supprimée en 1687, « afin, dit l'ordonnance, de laisser à tous les sujets du roi la liberté d'approcher de son trône ; » mais les pourvois se multiplièrent tant qu'on fut obligé, en 1714, de rétablir ce frein à l'entraînement des plaideurs. Du reste, l'amende n'étant qu'une sanction de l'autorité due aux décisions judiciaires, n'est pas déposée lorsqu'on se pourvoit devant la cour en règlement de juges ou en prise à partie. De même encore, l'art. 2, tit. VI, 1re partie du règlement de 1738, porte « les parties qui se pourvoiront pour contrariété d'arrêts ne seront assujetties ni aux délais, ni à la consignation d'amende, ni aux autres formalités prescrites pour les demandes en cassation d'arrêts. »

Quand par la même requête on demande la cassation de plusieurs jugements, il faut consigner autant d'amendes qu'il y a de jugements, à moins qu'ils ne soient dépendants les uns des autres : p. ex. le pourvoi dirigé à la fois contre un arrêt par défaut, et l'arrêt qui a débouté de l'opposition ne nécessitera que la consignation d'une seule amende.

Il n'était pas possible de permettre aux plaideurs de former un pourvoi devant la Cour de cassation longtemps après le jugement; il fallait, au bout d'un temps assez court, rendre les décisions définitives. Le délai pour se pourvoir était de six mois, d'après le règlement de 1738; il fut réduit à trois mois par l'art. 14 du décret de 1790, « à partir du jour de la signification du jugement à personne ou à domicile pour tous ceux qui habitent la France sans aucune distinction quelconque, et sans que, sous aucun prétexte, il puisse être accordé des lettres de relief de laps de temps pour se pourvoir en cassation. » D'après l'art. 1 de la loi du 1er frimaire an II, ce délai était franc, et on n'y comprenait ni le jour de la signification, ni le jour de l'échéance, non plus que les jours *sansculotides* (lisez complémentaires). Ces délais étaient devenus trop longs, grâce à la facilité nouvelle des communications; la loi du 2 juin 1862 les a réduits de la manière suivante : le délai n'est plus que de deux mois, et il ne court contre les jugements par défaut que du jour où l'opposition n'est plus recevable (art. 1). Les art. 4 et 5 portent prolongation de ces délais pour les individus qui ne sont pas en France.

Art. 9. « Tous les délais ci-dessus énoncés seront francs; si le dernier jour est un jour férié, le délai sera prorogé au lendemain. Les mois seront comptés suivant le calendrier grégorien. »

Si la décision a été signifiée le 10 janvier à personne ou à domicile, le pourvoi peut être valablement formé le 11 mars suivant; mais interjeté le jour d'après, il est non recevable, sauf l'exception de l'art. 9 (Cass., 24 no-

vembre 1823, S. 24, 1, 45). La jurisprudence admet cependant encore une autre exception pour les cas de
force majeure lorsqu'ils sont légalement constatés.
(Cass. 7 mars 1849; S. 49, 1, 343; 16 février 1822; S. 23,
1, 060)

Nous venons de voir que depuis 1790 (art. 14) le délai
était invariablement fixé pour tous ceux qui habitent la
France sans distinction aucune. Par suite, se trouve
abrogé l'art. 13, tit. IV, première partie du règlement
de 1738, qui ne faisait courir le délai contre les mineurs
qu'à partir de la signification qui leur était faite en majorité.

La signification d'un arrêt faite au domicile d'une personne décédée pendant le délai du pourvoi suffit-elle à
l'égard de ses héritiers? (Voy. Dalloz, Rép., v° Cassation,
492; v° Délais, 65.) L'art. 14, tit. IV, 1re partie du règlement de 1738, répond d'une manière précise à cette
question en faisant courir un nouveau délai au profit
des héritiers depuis le jour de la signification à la personne ou au domicile de ceux-ci. Cet article existe-t-il
encore? La raison de douter se tire de ce que, pour
l'appel, l'art. 447, C. Pr. c., a établi un tout autre système. Le délai n'est que suspendu par la mort de la
partie succombante au profit de ses héritiers, et une
simple signification collective, sans désignation de noms
et de qualités au domicile du défunt, suffit pour lui faire
reprendre son cours. De plus l'art. 487, C. Pr. c.
applique le système de l'art. 447 à la requête civile, et
cette voie de recours était auparavant soumise à la
même règle que le pourvoi en cassation. (Art. 8, tit. 35
de l'ordonnance d'avril 1667.) N'est-il pas bien probable
que, dans l'intention du législateur, ces deux art. 447

et 187 ont abrogé l'art. 14, tit. IV, 1re partie du règlement de 1738? (Rodière, *Compétence et procédure civile*, II, 128.)

Je n'adopte pas cette opinion; sans doute il y a contradiction dans les différentes solutions de la loi; mais ce n'est pas aux tribunaux à y mettre de l'harmonie. En ce sens: Delangle, *Encyclopédie du droit*, v° Cours de cassation, § 422; Bonnier *Éléments de procédure civile*, p. 473; Cassation belge, 11 février 1841. Donc à mon avis, la mort de la partie succombante interrompra le délai, et le jugement devra être signifié à chacun des héritiers pour faire courir contre eux un nouveau délai de deux mois.

Le délai ne court en règle qu'à partir de la signification; il n'y a pas de difficulté pour les jugements contradictoires; s'il s'agit d'un jugement par défaut, l'art. 1, § 2 de la loi du 2 juin 1862, ne le fait courir qu'à partir du moment où l'opposition n'est plus recevable; pour les jugements préparatoires et d'instruction, le pourvoi n'étant possible qu'après le jugement définitif, le délai ne courra que de ce jour, nonobstant toute signification antérieure: *Contra non valentem agere non currit præscriptio*. Mais nous savons que pour les jugements interlocutoires le pourvoi est admis avant la sentence définitive. De quel jour ferons-nous courir les deux mois? M. Rodière permet de recourir avant la décision définitive, sans que pourtant les délais puissent courir avant ce dernier jugement. Il me semble impossible d'admettre cette dernière proposition, et je crois qu'en cas de jugement interlocutoire, les deux mois courent du jour de la signification de ce jugement. (Cass. 13 mars 1826; 26 juin 1832.)

Enfin, s'il n'y avait pas eu de signification, la partie succombante aurait, conformément au droit commun de l'art. 2262, C. civ., 30 ans à partir de la date du jugement.

Les pourvois devant la Cour de cassation en matière électorale et d'expropriation pour cause d'utilité publique sont, comme je l'ai déjà dit, soumis à des règles spéciales; il y a notamment pour eux d'autres délais que les délais ordinaires. Mais ces questions sont trop étrangères à ma thèse; je ne les traiterai pas.

Il faut remarquer, en terminant, que les formalités qui tiennent à la régularité des pourvois doivent être observées avec d'autant plus de soin, que les déchéances ou les nullités en cette matière ont un résultat définitif, irréparable: on ne peut renouveler un pourvoi rejeté, quand même on serait encore dans les délais pour en former un autre, et qu'on prétendrait avoir de nouveaux moyens. (Art. 39, tit. IV, 1re partie du règlement de 1738.)

Il nous reste encore dans cette section à parler des effets du pourvoi interjeté.

Le recours en cassation étant une voie extraordinaire, introduite plus encore dans l'intérêt public, au point de vue du maintien de la stricte application de la loi, que dans l'intérêt privé des parties, laisse subsister la présomption de vérité qui s'attache aux jugements et arrêts en dernier ressort. Les parties condamnées sont obligées provisoirement de s'y soumettre; le pourvoi, ni même l'arrêt d'admission qui intervient plus tard, en thèse générale, ne suspendent l'exécution des jugements attaqués. Cette règle est déjà proclamée dans l'ordonnance de 1311: « *Nulli concedatur gratia ut arresti exse-*

cutio suspendatur. » L'art. 20, tit. IV, 1re partie du règlement de 1738, reproduisit cette disposition en ajoutant toutefois : « si ce n'est pas ordre exprès de Sa Majesté. » Cette restriction fut supprimée par l'art. 16 du décret du 1er décembre 1790. « En matière civile, la demande en cassation n'arrêtera pas l'exécution du jugement, et dans aucun cas, et sous aucun prétexte, il ne pourra être accordé de surséance. »

Nos codes renfermaient deux exceptions à ce principe : 1° En matière de divorce (art. 263, C. civ.), le pourvoi et même le délai de pourvoi étaient suspensifs, c'est-à-dire que le mari ne pouvait convoler en secondes noces, tant que le jugement qui dissolvait le mariage était susceptible d'être réformé par suite d'un recours en cassation. Cette disposition a cessé d'être en vigueur depuis la loi du 8 mai 1816, abolitive du divorce. 2° En matière de faux, art. 241, C. pr. civ.: « Lorsqu'un tribunal ordonne la suppression, la lacération ou la radiation en tout ou en partie, même la réformation ou le rétablissement de pièces déclarées fausses, il sera sursis à l'exécution de ce chef du jugement, tant que le condamné sera dans le délai pour se pourvoir en cassation. »

Ces deux exceptions se justifient parfaitement; l'exécution prématurée du jugement pourrait entraîner un préjudice irréparable si la Cour de renvoi, décidant en sens contraire de la première, déclarait le mariage non dissous ou la pièce véritable. Mais la loi a eu tort, et on ne le conteste guère, de ne pas rendre le pourvoi suspensif dans tous les cas où le dommage causé par l'exécution, si la décision vient à être réformée, sera en définitive irréparable. La loi, si elle ne veut absolument défendre l'exécution, devrait au moins permettre au juge de la subordonner à la production d'une caution : ce serait un palliatif, du moins quand il n'y a en jeu que des intérêts pécuniaires ; mais, toutes les fois qu'il s'agit de questions plus élevées, comme par exemple la nullité d'un mariage, ce remède ne suffirait plus ; le pourvoi doit nécessairement être suspensif. Le Code de procédure hollandais a été plus hardi ; suivant l'article 398, le pourvoi en cassation est complètement assimilé à l'appel au point de vue de l'effet suspensif, et c'est seulement lorsque le juge a ordonné l'exécution provisoire de la décision attaquée, que celle-ci peut être exécutée, nonobstant une instance en cassation.

Qu'on me permette quelques exemples pour montrer les résultats auxquels conduit l'absence d'effet suspensif.

a. Une Cour d'appel a rejeté l'opposition à un mariage ; malgré le pourvoi, il sera célébré, et il faudra l'annuler plus tard si la Cour de renvoi juge différemment.

b. En sens inverse, un arrêt prononçant la nullité d'un mariage est frappé d'un pourvoi ; le mari peut se remarier, et ce mariage devra être déclaré nul pour bigamie, si, après cassation, la Cour de renvoi maintient la première union. Ce sont cependant les motifs qui avaient dicté l'art. 263, mais je ne crois pas qu'on puisse étendre sa disposition. *Contrd.* Pigeau, *Proc.* I, p. 682.

c. La radiation d'une inscription hypothécaire est ordonnée par un arrêt ; elle est effectuée nonobstant le pourvoi ; si le créancier triomphe devant la seconde cour, pourra-t-il reprendre son rang ? Les auteurs enseignent presque unanimement qu'il ne le pourra pas au préjudice des créanciers inscrits postérieurement à la radiation ; je vais plus loin, et je pense que la radiation est irrévocable, même au regard des créanciers antérieurement inscrits. (Rouen, 22 mars 1863; S. 64, 2. 45; Cass., 4 juillet 64; S. 64. 1. 252.)

d. Primus est condamné par arrêt à payer une somme à un insolvable, Secundus; celui-ci poursuit l'exécution immédiate; plus tard la décision a beau être réformée après cassation, Primus ne rentrera pas dans ses déboursés, tout au plus obtiendra-t-il un dividende avec les autres créanciers de Secundus.

Je ne veux pas multiplier plus longtemps ces hypothèses : une loi qui produit de pareils abus est une loi jugée, elle est mauvaise. Sans doute la Cour de cassation existe principalement dans l'intérêt de la loi; mais sa mission doit être aussi de protéger les citoyens contre les violations de la loi commises par des jugements en dernier ressort, et une réforme est ici nécessaire si l'on ne veut laisser s'amoindrir l'utilité sociale de la Cour suprême.

Le résultat fâcheux auquel conduit le défaut d'effet suspensif du pourvoi a déjà été senti, il y a longtemps, et dès 1793, la loi du 16 juillet stipulait qu'aucun paiement ne serait fait par les caisses du Trésor, en vertu de jugements ou arrêts attaqués en cassation, que s'il était donné bonne et suffisante caution. Voyez aussi dans le même sens la loi du 9 floréal an VIII. En vérité, cette inégalité n'est-elle pas choquante, et l'État peut-il raisonnablement, en cette matière, jouir d'un privilège qui n'appartient pas aux particuliers?

Section II.

Chambre des requêtes.

L'autorité, qui s'attache toujours à un arrêt ou à un jugement en dernier ressort, a inspiré au législateur les règles de la procédure à suivre devant le Tribunal de cassation. Il n'a pas voulu, en matière civile, du moins, que l'on pût attaquer directement l'arrêt, et il a exigé que le demandeur en cassation fît d'abord admettre sa requête. La procédure est donc divisée en deux phases bien distinctes : 1° l'instance unilatérale devant la Chambre des requêtes, pour obtenir la permission de déférer l'arrêt à la Cour; 2° l'instance contradictoire devant la Chambre civile. Je ne parle ici que de la procédure devant la Chambre des requêtes; la section suivante sera consacrée à la Chambre civile.

La plupart des règles qui vont suivre sont tirées de l'ordonnance du 15 janvier 1826, portant règlement pour le service de la Cour de cassation; j'indiquerai donc les textes seulement quand les formalités résulteront de lois antérieures.

Le pourvoi, une fois formé par le dépôt au greffe de la requête de cassation, et des pièces qui l'accompagnent, est inscrit à sa date et à son numéro sur le registre général des pourvois. Si les moyens de cassation sont développés dans la requête, l'affaire peut être distribuée de suite à un conseiller rapporteur, pour en faire l'examen; sinon, le demandeur en cassation a un délai de un à deux mois, suivant l'urgence, pour fournir le développement des moyens dans le mémoire

Bardot.   11 ampliatif. Il ne peut y avoir, en matière civile, plus de deux mémoires de la part de chaque partie, compris dans ce nombre la requête productive. (Art. 18, loi du 2 brumaire an IV.) Les affaires ne sont distribuées à la Chambre que lorsqu'elles sont mises en état, et elles sont en état quand les moyens ont été développés, soit dans la requête, soit dans le mémoire ampliatif, ou que les délais pour produire sont expirés. Le président de la Chambre des requêtes désigne alors un conseiller pour faire le rapport; le rapporteur doit terminer son travail dans le délai de un à deux mois, suivant l'urgence, puis le déposer au greffe avec les pièces de la cause. Le tout est communiqué au procureur général, qui charge immédiatement un avocat général de préparer des conclusions. Dès qu'elles sont prêtes, les pièces sont réintégrées au greffe, trois jours au moins avant l'audience : l'affaire vient ensuite à son tour de rôle.

Devant la Chambre des requêtes le débat n'est pas contradictoire. L'art. 32, tit. IV, 1re partie du règlement de 1738, défendait même de remettre aucune requête ou mémoire en défense contre les pourvois formés avant qu'il ait été rendu un arrêt d'admission, et que cet arrêt ait été signifié, le tout sous peine d'amende et d'interdiction de l'avocat. En pratique cette disposition n'est pas appliquée. L'avocat du défendeur éventuel est admis à *s'inscrire en surveillance*. On lui défend bien encore de signifier de mémoire en réponse à la requête du demandeur; mais on lui permet de faire remettre au rapporteur et aux magistrats une consultation imprimée. J'aurai tout à l'heure à critiquer cet usage illégal.

A l'audience, le rapport est lu par le conseiller qui en a été chargé. Aux termes de l'art. 10 de la loi du 2 brumaire an IV, le rapporteur ne devait pas énoncer son avis avant les autres conseillers ; en fait, le rapport contient toujours son opinion, et c'est très-grave ; car il parle avant les plaidoiries de l'avocat et les conclusions du ministère public.

Après le rapporteur, l'avocat du demandeur prend la parole ; la partie peut même être admise à présenter sa défense elle-même, si la Cour le lui permet, puis viennent enfin les conclusions de l'avocat général ou du procureur général.

Les arrêts rendus par la Chambre des requêtes sont de deux sortes : 1° si elle admet le pourvoi, l'arrêt qu'elle rend porte le nom d'arrêt d'admission ou de *soit-communiqué*, parce qu'il doit être signifié au défendeur, pour lui tenir lieu d'assignation ; il doit contenir les moyens de cassation, c'est-à-dire la copie de la requête en cassation et du mémoire ampliatif. Pas plus que le pourvoi, l'arrêt d'admission ne suspend l'exécution ; enfin il présente cette particularité remarquable qu'il n'est pas motivé. (Art. 6, décret du 4 germinal an II ; art. 3, loi du 10 messidor an II. Dans ce cas, l'affaire est ensuite portée à la Chambre civile. 2° Si la Chambre des requêtes rejette le pourvoi, la décision est définitive, inattaquable, l'arrêt est motivé, l'amende est encourue, comme toutes les fois d'ailleurs que le procès ne se termine pas par une cassation, y eût-il eu désistement.

Nous devons maintenant apprécier, au point de vue législatif, et en elle-même l'institution de la Chambre de requêtes. Est-il bon de la maintenir telle qu'elle existe aujourd'hui? Cette question est très-grave, elle a divisé les meilleurs esprits, et pour bien la comprendre, nous devons commencer par l'historique de cette institution.

L'idée de soumettre les pourvois à un examen préalable est bien ancienne. D'après l'ordonnance de 1346, la demande en cassation devait être examinée par les maîtres des requêtes (*gentibus requestarum*) et n'être admise au débat contradictoire que si elle présentait des chances de réformation. Le règlement de 1738 voulait que l'affaire fût d'abord examinée par des commissaires, et sur leur rapport, le Conseil décidait si elle méritait ou non les honneurs d'un débat contradictoire. Sous l'empire de la loi de 1790, tous les six mois, le tribunal de cassation nommait 20 de ses membres pour former un bureau, qui, sous le titre de bureau des requêtes, jugeait si les requêtes en cassation devaient être admises ou rejetées. Il ne pouvait les admettre ou les rejeter qu'aux trois quarts des voix, et si les trois quarts au moins ne se prononçaient pas pour le rejet ou l'admission, cette question était portée devant le tribunal tout entier (articles 6, 7, 8). Avec l'organisation de 1738, il ne pouvait exister d'autre jurisprudence que celle du Conseil; avec celle de 1790, il était bien difficile qu'il en fût autrement; le bureau des requêtes renouvelé tous les six mois ne pouvait avoir une jurisprudence particulière, qui ne peut se former qu'au sein d'un corps permanent et ayant une vie propre et individuelle.

Les lois du 2 brumaire an IV et du 27 ventôse an VIII établirent la section des requêtes permanentes; mais elles exigeaient qu'un certain nombre de magistrats sortissent chaque année de cette chambre et fussent remplacés par des conseillers de la Chambre civile ou criminelle. En un mot, ces deux lois prescrivaient un certain roulement entre les trois sections. J'ai déjà dit que, depuis 1815, pour conserver autant que possible l'unité de jurisprudence, on n'avait plus appliqué ces lois, et que les magistrats nommés à la Chambre des requêtes y restent toute leur vie.

Ces préliminaires historiques étaient nécessaires pour bien faire comprendre la question, et je puis l'aborder maintenant. Les principales raisons qu'on ait données pour la suppression de la Chambre des requêtes sont les suivantes : à l'origine, la section des requêtes était chargée seulement de rechercher si le pourvoi avait des chances sérieuses de réussir, et elle prononçait l'admission en cas d'affirmative ; mais, depuis que la Chambre des requêtes est devenue permanente, depuis surtou t que, par suite de l'absence de roulement, son personnel reste invariable, elle a complètement modifié son rôle, et elle ne laisse plus passer un arrêt à la Chambre civile que dans le cas où elle l'eût cassé si elle en avait eu le droit. Voyez à cet égard Dalloz, *Rép.* v° Cass. n° 43 ; Delangle, *Encyclop. du droit,* n° 130. De cette fâcheuse tendance il est résulté des conflits entre les deux chambres, conflits infiniment regrettables non-seulement pour les plaideurs, mais surtout pour l'autorité des décisions de la Cour suprême. Ainsi deux plaideurs, ayant perdu leur procès en sens contraire devant deux cours d'appel, échoueront tous deux devant la Cour de cassation, l'un parce que la Chambre des requêtes n'admettra pas son pourvoi ; l'autre, parce que son pourvoi admis sera rejeté par la Chambre civile. Que devient dans cette hypothèse l'unité de jurisprudence en vue de laquelle surtout a été créée la Cour de cassation ?

La Chambre des requêtes est composée de magistrats aussi éminents que ceux de la Chambre civile et en nombre égal; il est bien difficile d'exiger d'eux qu'ils se contentent, pour ainsi dire, d'enregistrer les arrêts qui présentent des questions délicates, qu'ils ne les retiennent jamais pour déployer dans la solution de ces difficultés leur science de jurisconsultes.

Enfin, l'institution de la Chambre des requêtes est également préjudiciable au demandeur et au défendeur. Le défendeur éventuel supporte les mêmes frais que si le débat était contradictoire, par suite de l'habitude illégale d'avoir un avocat en surveillance.

Le demandeur est bien plus exposé à perd... ...on procès que s'il avait un adversaire; comme on l'a dit fort bien : *l'arrêt se défend lui-même.* L'absence d'un contradicteur conduit inévitablement les magistrats à ne recevoir qu'avec défiance et prévention les arguments du défendeur en cassation et les fait pencher toujours plutôt du côté du rejet, que du côté de l'admission.

La Chambre criminelle a à trancher des questions bien autrement graves, et cependant il n'y a point d'examen préalable. On ajoutait encore que plusieurs nations voisines qui nous ont emprunté le principe de de la Cour de cassation, ont, en révisant leurs codes, supprimé la Chambre des requêtes comme un rouage inutile et même dangereux. Ex. : la Belgique, la Sardaigne (*Revue Fœlix* XIV, p. 1010), et aujourd'hui l'Italie tout entière.

Mais les partisans de cette opinion, comprenant bien que la Chambre civile qui est déjà surchargée de besogne, ne pourrait jamais suffire à juger tous les pourvois formés, proposaient de transformer la Chambre des requêtes en une seconde Chambre civile, en sorte que les affaires fussent sur-le-champ instruites et jugées, comme dans les cours d'appel, contradictoirement devant la Chambre à laquelle elles appartiendraient. La Chambre transformée aurait eu non-seulement les quelques attributions qui appartiennent aujourd'hui à la Chambre des requêtes, mais aurait connu seule de toutes les affaires d'enregistrement, de contributions indirectes, de douanes, etc. Si, par hasard, un procès de ce genre soulevait accidentellement une question qui fût de la compétence de l'autre Chambre civile, on devait, dans ce cas, réunir les deux chambres pour prendre une décision commune.

'Tels sont les principaux arguments qu'invoquait, dès 1826, contre la Chambre des requêtes l'auteur d'un article inséré dans la *Gazette des tribunaux* du 26 janvier. M. Carré adoptait entièrement ces idées : *Org. et Comp.*, 2ᵉ partie, liv. 3, tit. 6.

Cette thèse ne resta pas longtemps dans le domaine de la théorie ; elle fut soutenue devant la Chambre en 1835 par M. Amilhau (*Moniteur* du 3 avril 1835), et en 1840 par MM. Waldec-klHousseau et Valette (*Moniteur* des 4 et 10 février 1840). Cette proposition ne fut pas adoptée ; la loi resta telle qu'elle était, et la Chambre des requêtes fut maintenue.

Quelles bonnes raisons pouvait-on donc opposer à une attaque aussi vive ?

La chose souverainement jugée ne doit pas, dit-on, être facilement remise en question ; sans doute si l'arrêt renferme une violation de la loi, il faudra le casser ; mais ce sera plutôt dans l'intérêt de la loi que dans celui des particuliers. A ce point de vue, on comprend parfaitement que les législateurs de 1790 aient décidé le principe de la double garantie contre les demandes abusives et téméraires des plaideurs mécontents. « La voie de cassation, disait Tronchet, est un remède extrême ; il ne faut pas la rendre trop facile ; sinon le tribunal de cassation serait bientôt regardé comme un tribunal d'appel. »

Il faut, entre les justiciables et le pouvoir qui casse, un intermédiaire impartial qui repousse toutes les plaintes élevées contre la chose jugée sans raison sérieuse et basée sur l'intérêt de la loi : la dignité des cours souveraines et le repos du plaideur qui a triomphé l'exigent impérieusement ; et d'ailleurs l'épreuve en a été faite. Un règlement du 3 janvier 1673 avait supprimé l'examen préalable ; il voulait que la demande en cassation fût signifiée à la partie au profit de laquelle l'arrêt attaqué avait été rendu, avec sommation de répondre dans la huitaine aux moyens invoqués. L'admission de la requête était ainsi soumise à un débat immédiat et contradictoire. L'abus se fit bientôt sentir ; les pourvois se multiplièrent à l'infini, et un arrêt du Conseil du 14 octobre 1684 porte qu'il est défendu aux avocats de signer aucune requête pour répondre ou défendre à une demande en cassation d'aucun arrêt des compagnies supérieures, si ladite demande en cassation n'a été reçue par un arrêt du Conseil d'assigné ou de communiqué. (Gauret, *Style du Conseil*, p. 540 ; Tarbé, p. 169.)

On objecte, il est vrai, la diversité de jurisprudence et les dissentiments qui se sont manifestés entre la section d'épreuve préalable et la Chambre civile ; mais ce sont là des cas extrêmement rares ; les dissidences finissent par disparaître, et la Chambre des requêtes conforme presque toujours sa jurisprudence à celle de la Chambre civile.

Et d'ailleurs, que propose-t-on de substituer à la Chambre des requêtes? Une seconde Chambre civile! Mais n'est-ce pas favoriser l'antagonisme dont on se plaint, puisqu'il y aurait désormais, au sein de la Cour, deux pouvoirs égaux. Il est vrai que, pour obvier à ce grave inconvénient, on devait attribuer à l'une des deux Chambres civiles la connaissance de certaines matières spéciales; mais cet expédient était défectueux. M. Dupin l'a parfaitement établi dans la séance du 3 février 1849.

En donnant les matières spéciales que vous proposez à la Chambre des requêtes, convertie en Chambre civile, « vous ne lui composerez pas un grand rôle; car cela ferait 180 affaires par an tout au plus; je ne sais pas comment on occuperait le reste de son temps. Mais ce n'est pas tout; on ne fait pas attention que, dans beaucoup de cas, à la question principale, se joignent des questions accessoires, accidentelles, et qui n'ont aucune analogie avec le caractère principal de l'affaire. Ainsi, des questions de procédure peuvent se rencontrer dans toutes les questions, en matière de douanes, aussi bien qu'en matière civile, aussi bien qu'en matière de questions d'État. La Chambre des requêtes, saisie d'un pourvoi en matière de contributions directes, verra qu'il y a une question de forme analogue à pareille question déjà agitée devant la Chambre civile : en ce cas, dit-on, elle suspendra son arrêt; on réunira la Chambre civile et la Chambre des requêtes pour prendre une décision. Cela pourrait se présenter souvent. De telle sorte que vous aurez presque toujours deux chambres réunies pour juger un grand nombre de questions, afin de prévenir, dit-on, leur antagonisme. Eh bien, tout cela n'a ni la simplicité, ni la dignité qui s'attachent à l'organisation actuelle de la Cour de cassation, et voici comment on la détruit : en effet, on cherche dans la réunion des deux chambres un remède contre le danger de les laisser juger séparément ; on propose d'employer ce moyen même quand la question se présente pour la première fois. Mais qu'arrivera-t-il si, malgré ce premier arrêt, une seconde cour juge comme la première, et qu'il y ait un second pourvoi contre ce nouvel arrêt? Il faudra alors convoquer toute la Cour en vertu de la loi de 1837. Mais voyez l'embarras que vous aurez créé. Comme deux chambres auront déjà jugé ensemble, vous n'aurez plus qu'une chambre d'examen, c'est-à-dire la Chambre criminelle ; tandis qu'avec l'économie de l'organisation actuelle, il n'y a qu'une chambre qui ait pu se tromper, et vous en avez deux qui demeurent libres, et qui examinent sans préjugé la question qui leur est soumise. » (Voyez, dans le même sens, Delangle, *Encyclopédie du droit*, v° Cour de cassation, n° 120 ; Troplong, *le Droit* du 10 juillet 1848.)

En présence d'une question qui divise les hommes les plus éminents dans la science du droit, il est bien permis d'hésiter, surtout à qui n'a pas plus que moi l'expérience des affaires. C'est donc seulement en tremblant que je hasarde l'opinion qui, en fin de compte, m'a semblé la plus sage. Je crois que l'institution de la Chambre des requêtes est en elle-même une bonne chose. Les affaires civiles ne présentent pas la même urgence que les affaires criminelles ; les pourvois civils doivent être obligés de traverser une sorte de crible, ne laissant passer que ceux qui sont sérieux. La Chambre civile peut ainsi consacrer tout son temps aux affaires véritablement délicates, sans se laisser distraire de sa tâche par les recours des plaideurs mécontents. On nous oppose bien l'exemple de la Belgique, mais c'est là un petit pays; les pourvois y sont moins nombreux qu'en France, et ainsi on comprend que les magistrats d'une seule chambre puissent les examiner tous avec attention. Je rappelle, du reste, que la réforme accomplie en Belgique est loin d'avoir réuni l'unanimité des suffrages; en 1832, la proposition d'établir une Chambre des requêtes fut repoussée par 36 voix contre 36 voix et une abstention. (Voyez Scheyven, *Pourvois en cassation*, page 35.) Je n'ai pas de renseignements sur l'Italie; j'ignore si la suppression de la Chambre des requêtes a produit les résultats heureux qu'on en attendait.

Mais, le principe de l'institution une fois admis, je pense que la Chambre des requêtes devrait rester dans les limites de son mandat primitif; elle ne devrait pas rejeter toutes les fois qu'elle n'aurait pas cassé si elle eût été chambre civile, mais jouer à l'égard des pourvois le rôle d'une sorte de chambre des mises en accusation et admettre la demande lorsqu'il existe de graves présomptions que la Chambre civile cassera.

Le moyen le plus simple pour atteindre ce but me paraît être de revenir au système de 1790 en le modifiant un peu: on se rappelle que le rejet ou l'admission devait obtenir les trois quarts des voix du bureau des requêtes; sinon, la question d'admission était portée devant le tribunal tout entier. Ce système était trop compliqué; souvent, en effet, après que le bureau des requêtes avait été consulté, le tribunal entier était appelé à statuer deux fois sur la question : une première fois sur l'admisibilité, une seconde fois sur la cassation elle-même. La loi, pour concilier tous les intérêts, tout en remédiant à cet inconvénient, pourrait exiger seulement, comme l'a proposé M. Bonnier (*Org. judic.* n° 242), la majorité exceptionnelle des trois quarts pour le rejet. Toute demande, contre laquelle cette majorité ne se prononcerait pas, devrait être admise.

Grâce à ce système, il serait bien difficile qu'un pourvoi sérieux ne réunît pas au moins le quart des voix de la Chambre des requêtes et ne fût pas admis au débat contradictoire devant la Chambre civile. Alors on pourrait dire, avec M. Dupin, et avec encore plus de justesse qu'aujourd'hui, que, en cas de nouveau recours contre l'arrêt de la Cour de renvoi, il y aurait dans l'audience des chambres réunies deux chambres libres et sans préjugé ; car, avec cette fâcheuse tendance de la Chambre des requêtes de n'admettre que si elle eût cassé, qui ne voit qu'elle est appelée dans l'assemblée générale à statuer une seconde fois sur une question déjà tranchée par elle dans un certain sens ? Voyez en sens divers Odilon Barrot, *Moniteur* du 10 février 1849 ; Organisation de la Cour de cassation par Thiercelin, *Revue pratique*, IV, p. 261 ; Etude sur la Chambre des requêtes par Reverchon, XI, p. 305.

Section III.

Chambre civile.

Nous avons vu que la procédure devant la Chambre des requêtes pouvait aboutir soit à un arrêt de rejet, et

alors tout est irrévocablement terminé, soit à un arrêt
d'admission. Dans ce dernier cas l'instance se transforme :
d'unilatérale qu'elle était, elle devient contradictoire ;
le défendeur va être mis en cause. L'arrêt d'admission
lui sera signifié à personne ou à domicile par un huissier attaché à la Cour, si la signification se fait à Paris,
sinon par un huissier ordinaire. Cette signification vaut
citation à comparaître. Elle doit donc renfermer constitution d'avocat du demandeur, et être signée par cet
avocat. (Art. 1 et 2, tit. I, 2, partie du règlement de
1738.) L'arrêt d'admission doit être signifié dans les
deux mois de sa date, à peine de déchéance (art. 2 de la
loi du 2 juin 1862.) On ne peut assigner que les parties désignées dans cet arrêt.

Le défendeur a pour comparaître, c'est-à-dire constituer avocat, un délai d'un mois à partir de la signification : s'il ne comparaît pas, huit jours après l'expiration
du délai, le demandeur pourra suivre l'audience par
défaut en justifiant de la signification par la production
de l'original de l'exploit et en présentant un certificat
du greffier constatant que le défendeur ne s'est pas fait
représenter. Si, dans ces circonstances, la cassation
intervient, le défendeur peut faire opposition, et la cour
peut le restituer contre l'arrêt, à la condition qu'il con-
signe 100 francs pour la réfusion des frais faits par le
demandeur.

La loi de 1862 n'ayant pas déterminé les délais dans
lesquels le défendeur peut faire opposition, il faut encore appliquer le règlement de 1738 et lui accorder un
délai qui varie de trois mois à un mois (art. 11, tit. II,
2e partie, du règlement de 1738).

Si le défendeur comparaît, et que le demandeur,

au contraire, fasse défaut, le défendeur pourra obtenir contre lui un arrêt de forclusion, entraînant déchéance définitive du pourvoi; le recours en cassation ne pourrait donc pas être recommencé, quand même on serait encore dans les délais pour le réitérer; par exemple, si le jugement attaqué n'avait pas été signifié (art. 1 et 2, tit. V, 2ᵉ partie, du règlement de 1738). Il ne s'ensuit cependant pas que la Cour rejettera nécessairement la demande en cassation; comme en cas de défaut du défendeur, elle jugera sur les seules pièces de la partie présente, mais pourra cependant casser l'arrêt, s'il lui paraît contenir une violation de la loi.

Mais laissons-là les complications, et occupons-nous de ce qui se passera le plus souvent, de la procédure contradictoire.

L'affaire est en état, comme devant la Chambre des requêtes, quand les productions ont eu lieu, et je rappelle qu'il ne peut y avoir, de la part de chaque partie, plu de deux mémoires, compris dans le nombre la requête productive (art. 18, loi du 2 brumaire an IV). La cause suit alors la même marche. Le président désigne un conseiller pour faire le rapport; ce travail terminé, l'affaire est communiquée au parquet du procureur général à la Cour de cassation; et à l'audience on entend: 1° le conseiller rapporteur; 2° l'avocat du demandeur; 3ᵉ l'avocat du défendeur; 4° le ministère public.

Il peut se présenter, dans cette procédure devant la Chambre civile, de nombreux incidents : intervention, communication de pièces, etc.; il ne rentre pas dans le plan de cette thèse de les examiner; je les laisse complètement de côté.

Enfin intervient l'arrêt; il peut ou rejeter le pourvoi ou casser la décision attaquée.

Au premier cas, les choses restent dans l'état où elles sont, puisque le pourvoi n'a pas empêché l'exécution; mais le demandeur débouté est en outre condamné à une amende et à une réparation envers le défendeur.

L'amende est du double de la somme consignée, c'est-à-dire de 300 francs s'il s'agit d'une décision contradictoire, de 150 francs si elle est par défaut. Ainsi, quand le demandeur échoue devant la Chambre civile, l'amende est double de celle qui est encourue quand la Chambre des requêtes rejette le pourvoi. M. Bonnier (*loc. cit.*) fait parfaitement remarquer combien il est déraisonnable que la punition soit plus forte quand le premier examen a donné raison au plaignant. Cette anomalie est, du reste, le résultat d'une erreur législative.

Avant 1687, l'amende était invariablement de 300 fr. A cette époque on abolit cette peine; la multiplicité des pourvois obligea à la rétablir en 1714; mais pour la rendre plus douce, on la diminua de moitié pour le cas seulement où le demandeur succomberait dans la première phase du procès, sans se douter qu'on décrétait ainsi une véritable injustice. Cette somme est évidemment exagérée, et la Cour n'use jamais du droit que lui accorde l'art. 36 d'aggraver cette peine. L'arrêt de rejet condamne de plus le demandeur à payer au défendeur, pour l'indemniser du préjudice causé, une somme de 75 francs ou 150 francs, suivant que le jugement attaqué est par défaut ou contradictoire.

D'après la loi de 1790, art. 20, les arrêts de rejet ne devaient pas être motivés; mais on a compris que cette règle ne présentait aucune garantie pour les plaideurs, et l'art. 6 de la loi du 4 germinal an 11 a imposé aux conseillers de la Chambre civile l'obligation de motiver aussi bien les arrêts qui rejettent un pourvoi que ceux qui prononcent une cassation. Aucun recours, pas même la requête civile, n'est admis contre un arrêt de rejet, fût-il rendu par forclusion.

La Chambre civile peut aussi casser le premier arrêt; alors les choses doivent être remises dans le même état qu'avant la décision annulée. Tout ce qui a été fait en exécution du jugement doit être anéanti, l'amende consignée est restituée; les dépens sont mis à la charge du défendeur et ne peuvent sous aucun prétexte être répétés ensuite contre le demandeur, quand bien même il serait condamné par la Cour de renvoi. (Voyez *Revue critique*, III, p. 76.) L'arrêt de cassation doit être transcrit sur les registres du tribunal ou de la Cour qui a rendu la décision annulée. (Art. 28 de la loi du 1er déc. 1790.)

Mais la Cour de cassation n'est pas un troisième degré de juridiction; elle ne pourra prendre connaissance du fond du procès, et elle devra renvoyer la cause à un tribunal du même ordre que celui dont la décision est cassée.

L'affaire y sera plaidée à nouveau dans son entier, et, s'il y a eu cassation pour violation des formes, la procédure sera recommencée à partir du premier acte où les formes n'ont pas été observées.

Si une décision judiciaire était intervenue à la suite de la décision annulée, ex : jugement du fond après un jugement de reprise d'instance cassé, je pense que le jugement définitif ne serait pas anéanti de plein droit par la cassation du jugement préparatoire; le tribunal de renvoi ne pourrait le regarder comme non avenu, et

l'on devrait retourner devant la Cour de cassation pour
le faire anéantir. Cass. 28 août 1837; S. 37, 1, 930;
20 février 1843. Dall. 43, 1, 128; Agen, 29 avril 1841.
J. P. 41, 2, 437. *Contra* Cass. 16 juin 1815. J. P. 15, 1,
737; voy. en divers sens Merlin, *Quest. de droit*, vᵉ Cassation, § 31; Bernard, *Manuel des pourvois*, I, p. 290;
Tarbé, p. 145.

Devant le tribunal de renvoi, la question se présente
pleine et entière; on pourra donc toujours invoquer
des moyens nouveaux à l'appui de sa prétention; si le
jugement cassé était en première instance et en dernier
ressort, le tribunal de renvoi pourra même recevoir des
demandes nouvelles; si au contraire la décision annulée
avait été rendue en appel, le tribunal de renvoi ne
pourra admettre de demandes nouvelles qu'exceptionnellement dans les cas prévus par l'art. 464, C. Pr. c.
Quand un jugement ou un arrêt a été cassé, la loi ordonne à la Cour de renvoi de statuer en audience solennelle sur l'importante question qui lui est soumise.

La règle que la Cour suprême ne connaît pas du fond
des procès ne l'oblige cependant pas à renvoyer l'affaire
absolument et dans tous les cas devant un autre tribunal. Ainsi il est bien évident qu'en cas de pourvoi dans
l'intérêt de la loi, la décision conservant sa force entre
les parties, il n'y a pas lieu à renvoyer la cause. Il doit
encore en être de même, à mon avis du moins, quand
l'arrêt est cassé pour avoir reçu illégalement l'appel
d'un jugement en dernier ressort, ou bien pour être en
contrariété avec une sentence précédente ayant force de
chose jugée; la Cour suprême, en prononçant la cassation de cet arrêt ou de ce jugement, rend sa force entière à la première décision, sans avoir besoin de ren-

voyer l'affaire devant de nouveaux juges, et ce, par le motif, dit Tolozan, que dans ces deux cas, *il ne reste plus rien à juger. Contra* Cass, 14 mai 1861. Dall., 61. 1. 379. Voyez cependant Cass, 26 novembre 1845. Dall. 46. 1. 32.

CHAPITRE III.

De l'autorité des arrêts de Cassation.

Quand la Chambre civile a prononcé la cassation d'un jugement ou d'un arrêt, une grave question se pose : la doctrine que vient d'adopter la Cour suprême est-elle obligatoire pour les tribunaux ? Il faut répondre : non, en règle. Le principe de la séparation des pouvoirs ne permet pas à la Cour de cassation, autorité judiciaire, d'imposer son opinion aux cours de renvoi. Mais voici la difficulté ; si la seconde, la troisième Cour persistent dans l'interprétation donnée à la loi par les premiers juges, nous roulerons dans un cercle de cassation et de renvoi, et l'affaire ne sera jamais définitivement tranchée. Le droit d'interpréter la loi et de l'interpréter d'une manière obligatoire pour les magistrats doit nécessairement appartenir à un pouvoir quelconque. « La facilité et l'inutilité d'un continuel recours aux tribunaux, en déconsidérant les magistrats, éterniseraient parmi les citoyens les inimitiés, ne leur offriraient d'autre terme au procès que leur ruine, et la justice elle-même deviendrait un des fléaux de la société. » *Thémis* II, p. 414.

Cette difficulté était trop sérieuse pour ne pas avoir

attiré tout de suite l'attention du législateur. « On a senti de tout temps, disait en 1807 l'orateur du Tribunat, qu'il fallait un terme aux débats judiciaires, que si plusieurs arrêts ou jugements en dernier ressort rendus sur le même fait et annulés par les mêmes moyens pouvaient être sans cesse reproduits par le pourvoi en cassation, les plaideurs seraient invités à parcourir autant de degrés qu'il y a de Cours souveraines dans le royaume. »

La question a donc été tranchée législativement; mais les solutions ont été différentes suivant les époques.

1° Loi des 16-24 août 1790. — L'interprétation d'autorité, c'est-à-dire obligatoire pour les tribunaux, dans tous les cas, et d'une manière générale, appartenait au pouvoir législatif (art. 21, § 2). Après la cassation de deux jugements rendus dans la même affaire sur la même question de droit, le tribunal de cassation, saisi d'un troisième pourvoi, devait surseoir à rendre une sentence, en référer au législateur et attendre un décret interprétatif. Ce décret était applicable non-seulement aux questions qui pourraient s'élever dans d'autres affaires, mais à la difficulté même à l'occasion de laquelle l'interprétation avait été demandée.

Ce système présentait un double inconvénient : il retardait extrêmement la solution du procès, et il confondait, en réalité, des attributions qu'il avait voulu séparer en faisant statuer le législateur sur le sort d'un litige particulier. Il fut reproduit par la constitution du 3 septembre 1791, art. 21, et par celle du 5 fructidor an III. Toutefois, l'art. 256 de cette constitution aggravait encore le mal : le référé du tribunal de cassation au législateur devait avoir lieu, non pas seulement après deux cassations, mais après une seule, dès le second pourvoi; et le décret interprétatif ne devait pas seulement être voté par une Chambre, mais par deux assemblées législatives.

2° En l'an VIII, nouveau changement. L'art. 78 de la loi du 27 ventôse décidait que, après une première cassation, si le second jugement était attaqué par les mêmes moyens que le premier, il n'y aurait plus de référé à la législature, mais la Cour de cassation devait statuer toutes sections réunies.

On espérait que l'autorité des décisions émanées de cette réunion de magistrats aurait la force morale suffisante pour faire cesser tout dissentiment de jurisprudence. La pratique répondit quelque temps à cette attente; mais, en 1806, un tribunal ayant à juger une affaire cassée déjà deux fois, décida, malgré l'arrêt des chambres réunies, dans le même sens que les premiers juges. Cette circonstance détermina le gouvernement à proposer la loi du 16 septembre 1807, qui eut une durée bien plus longue que les précédentes.

3° Aux termes de cette loi, la Cour suprême, après une cassation, si un second pourvoi était formé devant elle, pouvait à son gré, soit statuer comme en l'an VIII toutes chambres réunies, et sous la présidence du grand-juge, ministre de la justice, soit conformément à la loi de 1790 demander une interprétation d'autorité; mais cette interprétation n'appartenait plus au Corps législatif, c'était le gouvernement qui la donnait sous forme d'avis du Conseil d'Etat. Si la décision du troisième tribunal était conforme à celle des deux précédents, alors il fallait de toute nécessité recourir à l'interprétation d'autorité.

Le système établi par la loi de 1807 a été vivement critiqué. On lui reprochait d'abord de donner la présidence des chambres réunies, c'est-à-dire d'une assemblée de magistrats inamovibles, au plus amovible de tous les fonctionnaires, à un ministre. En second lieu, on a trouvé, depuis 1814 surtout, que donner l'interprétation d'autorité au pouvoir exécutif, était une atteinte à la séparation des pouvoirs. Tant que dura le premier empire, cette disposition pouvait se défendre à la rigueur. Le Conseil d'Etat avait seul la rédaction et presque l'initiative des lois, il était plus en état que tout autre d'en connaître et d'en révéler le sens ; et, de plus, on doit reconnaître en fait que les avis du Conseil d'Etat ont toujours été parfaitement rendus.

Mais, après 1814, le Conseil d'Etat ne figurait même pas dans la constitution parmi les pouvoirs organisés : la confection des lois appartenait au roi et aux deux chambres ; il était bien étonnant d'obliger la Cour de cassation à demander l'interprétation de la loi à un corps qui légalement n'était appelé à aucune participation au pouvoir législatif.

Le Conseil d'Etat sentit toute la gravité de ces objections, et dès 1823, par un avis du 17 décembre, il décida qu'il ne donnerait plus d'interprétation applicable d'une manière générale au cas actuel et à tous les cas à venir, mais obligatoire seulement dans le procès actuel. Réduite à ces limites, l'interprétation devenait judiciaire, et devait appartenir, non au Conseil d'Etat, mais aux tribunaux.

4° Le système de 1807 fut abrogé par la loi du 30 juillet 1828. Voici la solution à laquelle on s'arrêta : après une première cassation, s'il était formé un second pourvoi dans la même affaire, fondé sur les mêmes moyens, la Cour de cassation n'avait plus le droit d'en référer à personne pour obtenir l'interprétation par voie d'autorité; elle devait seulement statuer toutes chambres réunies et sous la présidence, non plus du ministre de la justice, mais du premier président. Si, malgré cet arrêt solennel, les magistrats auxquels l'affaire était renvoyée décidaient comme les deux premières Cours ou les deux premiers tribunaux, la sentence qui intervenait n'était plus susceptible d'aucun recours en cassation; le dernier mot dans la question était dit par ce tribunal ou cette Cour, et cela, contrairement à la doctrine de la Cour de cassation.

Pour éviter un pareil résultat, à l'avenir, les art. 2 et 3 de la loi de 1828 prescrivaient qu'il en fût immédiatement donné avis au gouvernement, afin que, dans la session suivante, un projet d'interprétation pût être présenté aux chambres et voté par elles.

Cette loi interprétative, qu'on le remarque bien, n'avait plus le caractère de celle qui était prescrite par la législation de 1790 et de 1807; elle n'intéressait nullement les parties dont le procès avait nécessité la demande d'interprétation; pour elle, tout avait été irrévocablement fixé par l'arrêt de la troisième Cour d'appel. La loi à intervenir ne devait s'appliquer qu'aux questions semblables qui pourraient surgir dans l'avenir.

Ce système de 1828 avait été inspiré par l'idée de rendre aux cours d'appel quelque chose de la puissance des anciens parlements : c'était le moment où l'on voulait revenir en tout à l'ancien régime. Il avait l'avantage de séparer très-bien l'interprétation judiciaire qui doit appartenir aux tribunaux, et l'interprétation par voie

d'autorité qui rentre dans le domaine du législateur.
Mais il présentait, d'un autre côté, d'immenses inconvénients : dans ce conflit élevé entre l'opinion de plusieurs
cours d'appel et celle de la Cour de cassation, faire prévaloir la doctrine des cours d'appel sur la doctrine de
la Cour suprême, solennellement manifestée par l'arrêt
des chambres réunies, c'était bouleverser toute hiérarchie et se mettre en contradiction avec le but de la Cour
de cassation, but qui est d'assurer à ce tribunal suprême une haute mission de surveillance sur les arrêts
et jugements contraires à la loi. L'unité de jurisprudence se trouvait compromise; rien ne garantissait aux
plaideurs que la même question soulevée plus tard re-
cevrait de la part des cours d'appel une solution semblable. On avait bien essayé, en 1828, de parer à cet
inconvénient : le gouvernement devait proposer et faire
voter par les chambres, dans la session suivante. une
loi interprétative; mais trop souvent l'art. 3 de la loi
de 1828, qui posait cette règle, restait sans exécution ;
les affaires législatives et politiques absorbaient les
chambres et ne leur laissaient pas le temps de vider les
différends soulevés dans le cours de la session précédente. Les chiffres ici dispensent d'entrer dans de plus
amples explications; sous l'empire de la loi de 1828, qui
resta en vigueur pendant neuf années, le conflit dont
je parlais tout à l'heure s'éleva 80 fois, c'est-à-dire qu'il
y eut 80 affaires dans lesquelles la troisième Cour d'appel jugea dans le même sens que les précédentes, et
contrairement à la doctrine de la Cour de cassation. Aux
termes de la loi de 1828, il aurait dû y avoir 80 lois interprétatives; eh bien! en réalité, quatre projets furent

proposés par le gouvernement, et deux seulement furent votés et devinrent des lois.

5° Ce vice radical de la loi de 1828 et l'insuffisance du remède qui y était apporté par l'art. 3 déterminèrent le législateur à porter la loi du 1er avril 1837, sous l'empire de laquelle nous vivons encore aujourd'hui.

« Art. 1er. Lorsqu'après la cassation d'un premier arrêt ou jugement rendu en dernier ressort, le deuxième arrêt ou jugement rendu dans la même affaire, entre les mêmes parties, procédant en la même qualité, sera attaqué par les mêmes moyens que le premier, la Cour de cassation prononcera toutes chambres réunies.

« Art. 2.—Si le deuxième arrêt ou jugement est cassé pour les mêmes motifs que le premier, la Cour ou le tribunal auquel l'affaire est renvoyée se conformera à la décision de la Cour de cassation, sur le point de droit jugé par cette Cour.

« Art. 3.—La Cour statuera en audience ordinaire, à moins que la nature de l'affaire n'exige qu'elle soit jugée en audience solennelle. »

Cette loi contient deux innovations :

1° Elle supprime tout référé obligatoire au pouvoir législatif pour interprétation des lois. — Mais, bien entendu, elle ne lui retire point la faculté, lorsqu'il se trouve en présence d'une loi dont l'obscurité tient dans le doute des intérêts nombreux, de prendre l'initiative et de faire cesser les alarmes des familles en fixant, même dans le passé, le sens de la loi. Voyez, comme exemple, la loi du 21 juin 1843. Nous avons donc encore de vraies lois interprétatives; le législateur, sans doute, n'est plus tenu de les donner, mais il en a le droit; aucune constitution ne lui a retiré ce pouvoir.

(Demolombe, Code civil, I, n° 123; Ducauroy, Bonnier, Roustain, sur l'art. 4 du C. civil.)

2° Après la deuxième cassation, la Cour ou le tribunal auquel l'affaire est renvoyée, quoique restant juge souverain quant à l'appréciation des faits, est, quant au point de droit, obligé de se conformer à la décision de la Cour de cassation. Aussi, comme la controverse est tranchée, la solution doit intervenir en audience ordinaire.

L'anomalie qui résultait de la loi de 1828 est détruite. Le dernier mot, au lieu d'être donné sur la question controversée par le troisième tribunal qui en est saisi, reste à la Cour de cassation. Mais l'interprétation qu'elle donne n'est point générale et réglementaire, comme celle qui émane du législateur; elle n'oblige que le tribunal auquel l'affaire a été renvoyée et dans cette affaire seulement. Ce même tribunal, les autres tribunaux, la Cour de cassation elle-même, peuvent, dans toute autre affaire, suivre une interprétation nouvelle.

Cette loi de 1837 a donné une solution si heureuse au problème soulevé, qu'en 1865 la Belgique n'a pas trouvé mieux et nous l'a empruntée, sauf une petite modification de détail. (Voir loi du 7 juillet 1865). Elle a d'ailleurs été jugée comme elle le mérite, par M. de Royer, dans le discours qu'il prononça le 3 novembre 1854, à l'occasion de la rentrée de la Cour de cassation :

« Faisant, avec intelligence et mesure, la part du législateur et celle du juge, la loi de 1837 vous a remis, en présence d'une seconde cassation, le jugement souverain du point de droit, et le pouvoir de fixer, après tous les recours légaux, le terme d'un procès. Elle a sagement réservé la liberté de la doctrine, la marche de la science et l'indépendance du pouvoir législatif, en n'étendant pas cette autorité au delà de la Cour de renvoi et des limites de la cause. »

Lors de la discussion de la loi de 1837, M. de Cambon avait proposé de donner au second arrêt rendu par les chambres réunies de la Cour de cassation, l'effet d'une interprétation législative, ou, en d'autres termes, d'obliger les tribunaux à adopter cette interprétation, non-seulement dans l'affaire en litige, mais dans tous les cas où la même question se représenterait. (Séance du 21 février ; *Moniteur* du 22.)

Ce serait assurément là un moyen de dissiper, sur plusieurs points, l'obscurité de la loi, et de mettre, dans une certaine mesure, un terme aux variations de la jurisprudence. On doit reconnaître aussi que les décisions rendues par les Chambres réunies présentent de grandes garanties d'une exacte interprétation.

Cependant, la proposition de M. de Cambon ne fut pas adoptée. On a craint de porter une atteinte aussi grave au principe fondamental dans notre droit, de la séparation des pouvoirs, et d'investir la Cour de cassation, en lui permettant de faire des règlements généraux, d'une puissance plus grande encore que celle qui appartenait autrefois aux Parlements, puisqu'il n'y a pas au-dessus d'elle le Conseil du roi pour contrôler ses décisions.

Il y a sans doute des inconvénients dans le système de 1837 : les intérêts particuliers en souffrent quelquefois ; ils ne peuvent se reposer à l'abri d'une loi certaine et d'une jurisprudence constante ; mais ces inconvénients sont en partie palliés par l'autorité des arrêts solennels qui, presque toujours, enchaînent pour l'avenir les tribunaux et la Cour de cassation elle-même, « *non ratione imperii, sed imperio rationis.* »

S'il y avait seulement des dissidences entre la doctrine des Cours d'appel et celle de la Cour de cassation, elles n'entraîneraient pas pour les parties un préjudice irréparable : à condition de porter le procès jusque devant la Cour suprême , les plaideurs pourraient savoir d'avance quelle en sera l'issue.

Mais il y a plus : la jurisprudence de la Cour de cassation a aussi ses variations propres, conséquence de l'humaine faiblesse ; elles apportent, il est vrai, l'incertitude et la perturbation dans les affaires, et pourtant nous devons supporter ces revirements et les accueillir même d'autant plus volontiers, qu'ils marquent le plus souvent un progrès dans la jurisprudence, et qu'ils ont pour but de faire triompher les vrais principes un instant méconnus.

Il faut, en effet, lui rendre cette justice : malgré sa toute-puissante autorité, la Cour ne s'est jamais crue enchaînée ni par le nombre, ni par l'autorité de ses décisions précédentes, et elle n'a jamais hésité à revenir sur sa jurisprudence lorsque la persistance des Cours d'appel à statuer dans un sens opposé l'avertissait que ses arrêts ne consacraient point les doctrines les plus exactes.

Je ne puis résister au désir de citer, en terminant, le belles paroles que M. le premier président Desèze prononçait déjà, sur ce point, le 5 novembre 1827, dans la séance de rentrée de la Cour de cassation :

« C'est sans étonnement que nous avons vu souvent,

et même dans les circonstances les plus remarquables, des cours royales abandonner volontairement leur propre jurisprudence, pour adopter celle que la Cour de cassation avait établie ; comme c'est de même sans regret que nous avons vu d'autres cours émettre, dans d'autres occasions non moins importantes, des opinions opposées aux nôtres et y persévérer malgré nos arrêts.

« Il est même arrivé quelquefois que la Cour de cassation, pénétrée des motifs à l'aide desquels on combattait ceux qui l'avaient entraînée elle-même, n'a fait aucune difficulté de revenir sur l'opinion qu'elle avait d'abord adoptée, pour s'en tenir à celle des cours.

« Ce ne sont pas là, au reste, des efforts qui puissent coûter à des magistrats ; ce n'est pas à eux qu'on peut reprocher de mettre de la domination dans l'autorité, ou de la faiblesse dans les déférences. Ils n'y voient, au contraire, que de la dignité et de la justice ; ils regardent ces combats d'opinion comme utiles, comme ne présentant rien que de noble, comme tournant même souvent au profit de l'ordre public ; et enfin, ils s'honorent de penser à cet égard comme d'Aguesseau, qui, dans ses discours qu'on ne saurait jamais trop rappeler, remarque « que c'est la Providence elle-même qui permet quelquefois ces espèces de guerres innocentes entre les ministres de la justice, où tous les avantages paraissent également partagés, où l'on voit combattre la vertu contre la vertu, la doctrine contre la doctrine, l'expérience contre l'expérience, et où l'orgueil de l'homme pleinement confondu, est obligé de reconnaître l'humiliante incertitude des jugements humains. »

Je suis arrivé au terme de ma carrière : j'ai parcouru l'historique et l'organisation de la Cour de cassation ; j'ai successivement examiné dans quel but cette voie de recours avait été introduite, contre quels jugements elle était possible, qui pouvait l'intenter, et dans quels cas ; puis, j'ai décrit la procédure, les effets de la cassation, et enfin, indiqué l'autorité des décisions de ce tribunal suprême. Ainsi restreinte, la tâche que je m'étais imposée était sans doute bien modeste ; mais encore eût-il fallu, pour la remplir dignement, une plume moins inexpérimentée que la mienne ! Tout ce que je puis dire pour me justifier, c'est que je n'ai manqué ni d'ardeur, ni d'application dans mes recherches, et que, au milieu des décisions de la jurisprudence, j'ai cherché à conserver toujours intacte ma liberté d'appréciation, me rappelant cette judicieuse observation de Fonmaur : « Que l'arrestographie égare lorsqu'au lieu d'appliquer les arrêts aux principes, on fonde les principes sur des arrêts. »

PROPOSITIONS.

DROIT ROMAIN.

I. On pouvait appeler devant l'empereur des décisions des centumvirs.

II. En cas de confirmation sur appel, le jugement de première instance n'est pas valable rétroactivement; c'est le jugement d'appel qui est exécuté.

III. Un des créanciers solidaires peut nover la dette entière.

IV. Dans l'action négatoire, le demandeur doit prouver l'inexistence de la servitude.

V. A l'époque classique, l'exception du dol, ajoutée à la *condictio incerti*, permettait au juge de diminuer la condamnation; s'il s'agissait de *condictio certi*, avec une *condamnatio certa*, le demandeur qui avait laissé insérer l'exception du dol, était débouté de sa demande et ne pouvait plus recommencer son procès.

DROIT CIVIL FRANÇAIS.

I. Le pourvoi en cassation devrait être suspensif toutes les fois que l'exécution cause aux parties un préjudice irréparable.

II. Le pourvoi en cassation est possible contre les jugements interlocutoires, avant la sentence définitive.

III. La radiation d'une inscription hypothécaire, opérée en vertu d'un jugement en dernier ressort, malgré le pourvoi en cassation, est définitive : le créancier, dans le cas où, après cassation, le tribunal de renvoi prononcerait le maintien de l'hypothèque, a seulement le droit de prendre une nouvelle inscription, qui ne lui donnera rang qu'à sa date.

IV. La bonne foi est nécessaire au tiers acquéreur qui veut prescrire par dix ou vingt ans l'hypothèque qui grève son fonds.

V. Pour rendre le mariage annulable, l'erreur sur la personne civile doit porter sur l'ensemble des qualités constitutives de son état civil.

VI. Malgré l'homologation du tribunal et de la Cour, l'adoption peut être attaquée devant le tribunal du domicile de l'adopté, si l'une des conditions requises par la loi fait défaut.

VII. Le ministère public peut agir d'office, comme partie principale, toutes les fois que l'ordre public est intéressé.

VIII. Les tribunaux peuvent accorder un délai de grâce au débiteur poursuivi en vertu d'un acte notarié.

DROIT COMMERCIAL.

I. En cas de faillite d'une compagnie, les porteurs d'obligations ne peuvent pas produire pour la valeur nominale de leurs titres.

II. L'émission d'obligations à lots n'est pas défendue par la loi du 21 mai 1836 sur les loteries.

DROIT PÉNAL.

I. L'individu déclaré non coupable par le jury ne peut, à raison du même fait qualifié autrement, être poursuivi devant les tribunaux correctionnels.

II. L'interdiction légale ne frappe pas le condamné par contumace.

DROIT DES GENS.

I. Le gouvernement français peut refuser ses passe-ports à un ambassadeur étranger qui n'a pas payé ses dettes.

II. Le tribunal français, requis d'imprimer à un jugement étranger la force exécutoire, est toujours libre de réviser ce jugement.

HISTOIRE DU DROIT.

I. Le fief et la censive sont sortis des concessions en précaire de l'époque franque.

II. Les justices seigneuriales ont eu pour origine les chartes d'immunité de l'époque franque.

Vu par le Président de la thèse,
E. BONNIER.

Vu par le Doyen de la Faculté,
G. COLMET-DAAGE.

Vu et permis d'imprimer,
Le recteur de l'Académie de Paris,
A. MOURIER.

www.ingramcontent.com/pod-product-compliance
Ingram Content Group UK Ltd.
Pitfield, Milton Keynes, MK11 3LW, UK
UKHW020828120726
13693UKWH00002B/525